AF359851

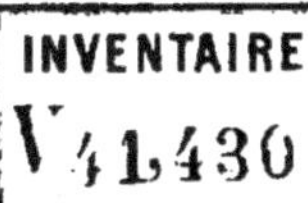

CATALOGUE
DES ESTAMPES,
LIVRES, OUVRAGES A FIGURES,

Antiquités et Curiosités,

DU CABINET

De feu M. le Comte d'Hauterive,

Conseiller-d'État, Garde des Archives au Ministère des Affaires étrangères, Membre de l'Institut, etc., etc., etc.

PAR DUCHESNE AINÉ ET DUBOIS.

Dont la Vente se fera le Lundi 2 Avril 1832 et jours suivans, rue des Jeûneurs, n.° 13.

Il y aura exposition des Estampes et Livres le Dimanche 1.er Avril et les jours suivans, le matin de chaque Vacation, de 1 heure à 3.

Celle des Antiquités et Curiosités aura lieu le Dimanche 8 Avril aux mêmes heures.

LE CATALOGUE SE DISTRIBUE A PARIS,

Chez
{
M.e BONNEFONS DE LA VIALLE, Commissaire-Priseur, rue de Choiseul, n.° 11 ;
M e GIBÉ, Commissaire-Priseur, rue Vivienne, n.° 15 ;
M.r DUBOIS, rue de Savoie-Saint-André-des-Arcs, n.° 4.
}

1832.

CATALOGUE
DES ESTAMPES,

LIVRES, OUVRAGES A FIGURES,

ANTIQUITÉS ET CURIOSITÉS,

DU CABINET

De feu M. le Comte D'HAUTERIVE,

Conseiller-d'État, Garde des Archives au Ministère des Affaires étrangères, Membre de l'Institut, etc., etc., etc.

PAR DUCHESNE AÎNÉ et DUBOIS.

Dont la Vente se fera le Lundi 2 Avril 1832 et jours suivans, rue des Jeûneurs, n.° 13.

Il y aura exposition des Estampes et Livres le Dimanche 1.er Avril et les jours suivans, le matin de chaque Vacation, de 1 heure à 3.

Celle des Antiquités et Curiosités aura lieu le Dimanche 8 Avril aux mêmes heures.

LE CATALOGUE SE DISTRIBUE A PARIS,

Chez
{
M.° BONNEFONS DE LA VIALLE, Commissaire-Priseur, rue de Choiseul, n.° 11 ;
M.e GIBÉ, Commissaire-Priseur, rue Vivienne, n.° 15 ;
M.r DUBOIS, rue de Savoie-Saint-André-des-Arcs, n.° 4.
}

1832.

AVERTISSEMENT.

Les Collections variées décrites dans ce Catalogue sont le produit des délassemens d'un homme de goût, qui pendant sa longue carrière a su mettre à profit quelques instans de loisir.

En examinant avec soin les différens objets dont elles se composent, on peut se faire une idée de l'étendue des connaissances de M. le comte d'Hauterive, dont le nom est inscrit d'une manière si honorable dans les fastes de la diplomatie.

Nous croirons rendre service aux amateurs, en leur indiquant quelques-uns des articles qui méritent le plus leur attention.

Parmi les Estampes anciennes, on doit distinguer principalement un saint Jacques, par le maître de 1466, n.° 9; quelques Pièces de Martin Schongauer, n.° 15; Israël de Mecheln, n.°ˢ 16 et 17; Winceslas d'Olomutz, n.° 18; d'autres par Albert Durer, n.°ˢ 20 à 27; et Lucas de Leyde, n.°ˢ 36 à 40; une suite de petites Pièces par Beham, n.° 52; par Pencz, n.° 53; par Aldegraver, n.° 54.

Parmi les Gravures à l'eau-forte, plusieurs par Rembrandt, n.°ˢ 118 à 122; d'autres par Hollar, n.° 128 à 131 ; par Bega, n.° 136. Les OEuvres de Piranesi, 24 vol. , n.° 166 ; l'OEuvre de Marcenay de Ghuy, n.° 176.

Parmi les Estampes modernes, la Vierge à la chaise par Muller, n.° 199 ; le Laocoon par Bervic, n.° 212 ; la Cène par Morghen, n.° 215 ; la Transfiguration par Morghen, n.° 216, épr. *avec le livre blanc ;* un Recueil de Caricatures par Goya, n.° 227 ; la Sépulture d'Atala par Massard, n.° 231 ; plusieurs Estampes et Portraits par Lignon, n.° 255 à 262, *épreuves de remarques.*

Parmi les Ouvrages à figures, on trouve le Cabinet du Roi, 26 vol. ; le Musée français, *épreuve avant la lettre,* n.° 316; la Galerie de Florence, *avant la lettre,* n.° 526; Plans des Hôpitaux de Paris, n.° 345.

Parmi les Ouvrages d'Histoire naturelle, les Oiseaux de Buffon, n.° 348 ; les Tangaras, n.° 349 ; les Oiseaux de Paradis, n.° 350 ; les Pigeons, n.° 351 ; les Roses, n.° 352.

Enfin, les Hindous, n.° 354 ; les Arts et Métiers à la Chine, n.° 355 ; l'Iconographie greeque et romaine, n.° 356, 7 vol. ; le Sacre de Napoléon, n.° 359 ; suite de grandes Vignettes pour l'Histoire d'Angleterre par Hume, n.° 262 ; les Métamorphoses d'Ovide, édition publiée par M. Villenave, avec *doubles figures* à l'eau-forte et avant la lettre ; le Voyage dans le Levant par

M. de Forbin, n.° 378; puis plusieurs Ouvrages
sur les Beaux-Arts.

La Suite d'Antiquités et de Curiosités qui
complète l'ensemble de cette Collection, ren-
ferme également plusieurs objets curieux, et tout-
à-fait dignes de fixer l'attention des amateurs :
parmi ceux qui appartiennent à l'Égypte, nous
nous bornerons à citer une magnifique Palette
de Scribe, en basalte vert ; des Bijoux précieux,
des Vases de formes rares, et enfin des Figurines
et des Amulettes d'une belle exécution. Les Antiquités grecques et romaines, non moins dignes
d'intérêt, consistent particulièrement en une
statue de Vénus, ainsi que dans une réunion
assez nombreuse de Médailles plus ou moins in-
téressantes, et qui sont généralement bien
conservées. Nous devons également espérer que
le public verra avec plaisir une réunion d'armes,
de costumes et d'instrumens divers, fabriqués
par des peuples sauvages, et dont quelques pièces
peuvent se montrer avantageusement à côté des
produits d'une longue civilisation.

Une * après le n.° désigne les objets encadrés.

Les n.^{os} placés dans quelques articles à la suite des sujets, sont ceux donnés par Bartsch dans *le Peintre-Graveur* ou dans son Catalogue de Rembrandt.

Les dimensions *hauteur* et *largeur* sont rappelées par les abréviations *haut.*, *larg.*

On exposera, le matin de chaque Vacation, les Objets qui devront être vendus le soir, et l'on suivra l'ordre des numéros en sens invers.

ORDRE DES VACATIONS.

I.re VACATION. — *Lundi 2 Avril* 1832 , *le soir*.

TABLEAUX et DESSINS. N.os 1, 2, 3, 4, 5, 6, 7, 8.
ESTAMPES. N.os 67, 68, 69, 70, 71, 72, 73, 74, 75, 76, 77, 78,
79, 80, 81, 82, 84, 85, 126, 127, 128, 129, 131, 132, 133, 134,
135, 136, 137, 138, 139, 140, 143, 144, 146, 147, 148, 149, 150,
151, 152, 153, 154, 155, 162, 163, 164, 166, 191, 192, 193, 194,
195, 196, 197, 198, 199, 200, 201, 237, 238, 239, 240, 241, 267,
268, 269, 270, 271, 272, 273, 274.

II.e VACATION. — *Mardi 3 Avril , le soir*.

ESTAMPES. N.os 30, 31, 32, 33, 34, 35, 55, 56, 57, 58, 59, 60, 61,
62, 63, 64, 65, 66, 86, 87, 88, 89, 90, 91, 92, 93, 94, 95, 96,
97, 99, 100, 101, 102, 103, 104, 105, 106, 107, 108, 109, 110, 111,
113, 114, 115, 116, 117, 118, 119, 120, 121, 168, 169, 170, 171,
172, 173, 174, 176, 177, 179, 180, 181, 182, 183, 184, 275, 276,
277, 278, 279, 280, 281, 282, 283, 284, 285, 286, 287.

III.e VACATION. — *Mercredi 4 Avril , le soir*.

ESTAMPES. N.os 20, 21, 22, 23, 36, 37, 38, 39, 42, 43, 44, 45,
46, 47, 48, 49, 50, 51, 52, 186, 188, 189, 190, 202, 203, 204,
205, 206, 207, 208, 209, 210, 211, 212, 213, 214, 215, 216, 219,
220, 221, 221 *bis*, 222, 223, 226, 228, 229, 230, 231, 251, 252,
253, 254, 255, 256, 257, 258, 259, 288, 289, 290, 291, 292, 293,
294, 295, 296, 297, 298, 308, 309, 310, 311, 312, 313, 314.

IV.e VACATION. — *Jeudi 5 Avril , le soir*.

ESTAMPES. N.os 9, 10, 11, 12, 13, 14, 15, 16, 17, 18, 19, 24, 25,
26, 27, 28, 29, 40, 41, 53, 54.
PORTRAITS. N.os 83, 112, 122, 123, 124, 125, 130, 141, 142, 145,
156, 157, 158, 159, 160, 161, 165, 175, 185, 187, 217, 218, 224,
225, 232, 233, 234, 235, 236, 242, 243, 244, 244 *bis*, 245, 246,
246 *bis*, 247, 248, 249, 250, 260, 261, 262, 263, 264, 265, 266, 299,
300, 301, 302, 303, 204, 305, 306, 307.

V.e VACATION. — *Vendredi 6 Avril, le soir.*

OUVRAGES A FIGURES. N.os 98, 167, 227, 315, 316, 317, 318, 319,
320, 321, 322, 323, 324, 325, 326, 327, 328, 329, 330, 331, 232,
333, 334, 335, 336, 337, 338, 339, 340, 341, 342, 343, 344, 345,
346, 347, 348, 349, 350, 351, 352, 353, 354, 355, 356, 357, 358,
359, 360, 361, 362, 363, 364, 365, 366, 367, 368, 369, 370, 371,
372, 373, 374, 375, 376, 377, 378, 379, 380, 381, 382, 383.

LIVRES SUR LES ARTS. N.os 384, 385, 386, 387, 388, 389, 390,
611, 612, 613, 614, 615, 616, 617, 618, 619, 620, 621, 622, 623,
624, 625, 626.

LIVRES DIVERS. N.os 393, 394, 395, 396, 397.

MANUSCRITS. N.os 391, 392.

VI.e VACATION. — *Lundi 9 Avril, le matin.*

ANTIQUITÉS. N.os 398, 399, 400, 401, 402, 403, 404, 405, 406,
407, 408, 411, 416, 427, 433, 434, 435, 440, 441, 442, 443, 444,
445, 446, 447, 448, 455, 457, 458, 459, 460, 461, 462, 463, 464, 465,
466, 467, 468, 470, 471, 488, 489, 490, 491, 492, 493, 522, 523,
524, 525, 529, 530, 531, 532, 533, 534, 535, 536, 537, 544, 545,
546, 347, 548, 549, 550, 551, 552, 553.

VII.e VACATION. — *Mardi 10 Avril, le matin.*

ANTIQUITÉS. N.os 409, 410, 412, 413, 414, 415, 417, 418, 419, 420,
421, 422, 423, 424, 425, 426, 428, 429, 430, 431, 432, 436, 437, 438,
439, 449, 450, 451, 452, 453, 454, 456, 469, 472, 473, 474, 475.
476, 477, 478, 479, 480, 481, 482, 483, 484, 485, 486, 487, 494,
495, 496, 515, 516, 538, 539, 540, 541, 542, 543, 554, 555, 556,
557, 558, 559, 560, 561, 597, 598, 599, 600, 601.

VIII.e VACATION. — *Mercredi 11 Avril, le matin.*

ANTIQUITÉS. N.os 497, 498, 499, 500, 501, 502, 503, 504, 505,
506, 507, 508, 509, 510, 511, 512, 513, 514, 517, 518, 519, 520,
521, 526, 527, 528.

OBJETS FABRIQUÉS PAR DES SAUVAGES. N.os 562, 563, 564, 565,
566, 567, 568, 569, 570, 571, 572, 573, 574, 575, 576, 577, 578,
579, 580, 581, 582, 583, 584, 585, 586, 587, 588, 589, 590, 591, 592.

MÉLANGES. N.os 593, 594, 595, 596, 602, 603, 604, 605, 606, 607,
608, 609, 610.

CATALOGUE.

TABLEAUX ET DESSINS.

1 Copies à l'huile sur papier, d'après des Peintures an-. tiques. 3 Pièces.

2 Plusieurs Paysages peints à l'huile.
   Cet article sera divisé.

3 Les Heures, d'après Raphaël ; plusieurs Copies, d'après les Peintures de ce Maître, à la Farnesine et au palais Altoviti ; des Bacchantes, d'après les Peintures d'Herculanum ; plusieurs Vues de la villa Borghese, etc. ; Paysages, Gouaches ou Aquarelles de l'établissement Piranesi.
   Cet article sera divisé.

4 Vue de Taormina en Sicile, par Flanuger ; autre Vue par And. Alippi ; un Plan de Grenade, etc. 6 Pièces à l'aquarelle.

5 Divers Paysages ou Vues prises dans différens pays : lavés à l'encre de la Chine ou à la sepia. 17 Pièces.

6 Vues de divers Pays : grandes Gravures coloriées chez les frères Piranesi. 12 Pièces.

7 Fêtes données à Paris pour la paix d'Amiens : grandes Gravures coloriées chez les frères Piranesi. 6 Pièces.

ESTAMPES.

8 Etudes d'Arbres dessinées à la pierre noire. 34 Pièces.

MAITRE de 1466.

9 Saint Jacques-le-Majeur, assis, tourné vers la gauche ; il tient un bourdon de la main droite, et de l'autre un livre fermé. Haut. 5 p. 3 l. Larg. 3 p. 3 l.

MAITRE marqué *S.*

10 Suite de la Passion de Jésus-Christ, *non décrite;* plus une Copie de la Figure du Sauveur. 13 Pièces.

MONOGRAMME *T. M.*

11 Groupes de Paysans dansant (*), n.ᵒˢ 15, 17, 18, 19, 20, 22 et 25; et un autre de la Suite des Gens de Condition dansant, n.° 25, Iᵉʳ Etat, avec l'année 1542. Les n.ˢ 15 et 18 *ne sont pas décrits* dans le Peintre-Graveur. Il se trouve aussi une autre Pièce semblable *non décrite.* En tout 9 Pièces.

12 Saturne et Jupiter, gravés par un ancien Maître, avec la marque *I. B.*, n.ᵒˢ 11 et 12; Salomon adorant les Idoles, par un autre Maître; plusieurs doubles d'Aldregraver et de Sebald Beham, dont partie des Travaux d'Hercule. En tout 28 Pièces.

13 Diverses Pièces par des Maîtres anciens, sans monogrammes. 26 Pièces.

MANTEGNA (ANDRÉ), *né à Padoue en* 1451.

14 Hercule étouffant Anthée, n.° 16. : *Épr. défect.*

SCHONGAUER (MARTIN), *né à Colmar vers* 1445.

15 Jésus-Christ au Jardin des Oliviers, n.° 9; le Christ en Croix, n.° 17; J.-Ch. apparaissant à Marie Madeleine, n.° 26; saint Christophe, n.° 48; deux Écussons, n.ᵒˢ 96 et 105; Tentation de saint Antoine, *Copie ancienne.* 7 P. Le n.° 17 est *beau d'épreuve.* Les autres Pièces manquent de conservation.

ISRAEL VAN MECHELN, *vivait à Mecheln en* 1500.

16 Sainte Barbe, n.° 122; Groupes divers, n.ᵒˢ 171, 173, 175, 176, 179 et 182. 7 Pièces *assez belles d'épreuves:* plusieurs manquent de conservation.

(*) Ces n.ᵒˢ et les suivans sont ceux donnés par Bartsch dans le *Peintre-Graveur.*

17 Une Femme assise, tenant une quenouille elevée, pour frapper son mari, assis près d'elle et tenant un dévidoir : dans le haut est une banderolle. Pièce *non décrite* par Bartsch. Larg. 3 p. 51. Il manque un pouce environ sur la hauteur.

WENCESLAS, *né à Olmutz vers* 1460 ?

18 La Vierge au Singe, n.° 21 : cette Pièce manque de conservation.

LUCAS DE CRANACH, *né à Cranach en* 1470.

19 Le duc Ernest de Saxe implorant saint Barthelemy, n.° 3 : *très-belle Épreuve.* Les angles du bas sont détériorés. Haut. 7 p. Larg. 6 p.

DURER (ALBERT), *né à Nuremberg en* 1471.

20 Adam et Eve, n.° 1, *Épr. faible,* et 1 Copie ; l'Enfant-Prodigue, n.° 28 ; saint Christophe, n.°° 51 et 52 ; saint Hubert, *Epreuve fatiguée* ; saint Sébastien, n.° 55 ; le Petit Courrier, n.° 80. 8 Pièces.

21 La Petite Passion, n.° 3 à 18 ; et deux Vierges, dont une Copie. 18 Pièces.

22 La Vierge et l'Enfant-Jésus, n.°° 35, 39, 40, 41 : 4 Cop. ; et sainte Geneviève, n.° 63. En tout 9 Pièces.

23 La Jalousie, n.° 73 ; la Mélancolie, n.° 74, et deux Copies ; la Grande Fortune, n.° 77, *Epreuve faible* ; le comte de Sickingen à cheval, Pièce dite *le Cheval de la Mort,* n.° 98, et deux Copies. En tout 8 Pièces.

24 Saint Barthelemy, n.° 47 ; la Sorcière, n.° 67 ; les quatre Femmes nues, n.° 75 ; le Songe, n.° 76 : Pièce *rare, belle et bien conservée;* Apollon et Diane, n.° 68 ; la Petite Fortune, n.° 78, *Epreuve belle; mais rognée;* le Cuisinier, n.° 84 ; l'Oriental, n.° 85 ; les trois Paysans, n.° 86 ; le Paysan au marché, n.° 89 ; le Branle,

n.° 90 ; le Joueur de Cornemuse, n.° 91; les Chevaux,
n.°° 96 et 97; le Grand Canon, n.° 97; les Armoiries,
n.°° 100 et 101. 18 Pièces.

25 Albert de Mayence vu de trois quarts, n.° 102, Pièce
rare et belle Epreuve; Albert de Mayence vu de profil,
n.° 103; Melanchton, n.° 105; Pirkeymher, n.° 106;
Erasme, n.° 107. 5 Pièces.

26 La Vie de la Vierge, gravée sur bois, n.° 77 à 94: pre-
mière édition sans texte au verso; belles Epreuves bien
conservées avec marge. Il manque les n.°° 76 et 95: on
trouve en place, l'Adoration des Mages, n.° 3; et la
Vierge avec les Anges, n.° 101; plus le Supplice de dix
mille Martyrs, n.° 117; le Bain, n.° 128; l'empereur
Maximilien, n.° 153; Albert Durer, n.° 156, II.° Etat;
le Rhinocéros, n.° 136, etc. 26 Pièces.

27 Diverses Copies. 22 Pièces.

DIVERS MAITRES.

28 Plusieurs Pièces, par Glockenton, Kruger, Reverdinus,
et autres anciens Maître désignés par divers monogrammes. 21 Pièces.

GRAVURES SUR BOIS.

29 Plusieurs Gravures, d'après Lucas de Leyde, Lucas de
Cranach, Hans Scheufflein, etc. 25 Pièces.

RAPHAEL (Sanzio), *né à Urbin en* 1483.

30 La Vierge au Linge; la Vierge au Berceau; la Vierge
dite *la Perle*; l'Adoration des Rois; le Massacre des
Innocens; l'École d'Athènes; plusieurs Études de
Figures et de Têtes tirées du Cabinet de Munich, etc.
57 Pièces.

RAIMONDI (Marc-Antoine), *né à Bologne vers* 1488.

31 Joseph fuyant la femme de Putiphar; le Christ au Tom-

benu , *Copie;* Alexandre faisant serrer les livres d'Homère ; Silène et un Faune ; le Triomphe de Galathée ,
et la Chasse au Lion : *Epr. modernes;* plus 2 Pièces
de la vie de la Vierge , d'après Albert Durer ; Joachim
embrassant sainte Anne, et l'Adoration des Mages :
Epr. defect. En tout 9 P.

32* Jugement de Pâris, et les Livres d'Homère , *Cop.* 2 P.

33 La Peste. Epreuve avec l'adresse de C. Losi. 1773.

ÉCOLE DE MARC-ANTOINE.

34 L'Enlèvement d'Hippodamie ; Prométhée dechiré par
le Vautour; plusieurs Copies d'après Marc-Antoine.
3 2 Pièces.

35 Plusieurs Estampes de cette Ecole seront divisées sous
ce n.°

LUCAS DE LEYDE, *né à Leyde en* 1494.

36 Adam et Eve, n.° 4; Joseph et la femme de Putiphar,
n.° 20; Joseph expliquant les Songes à Pharaon, n.° 23 ;
David victorieux de Goliath, n.° 25 ; Salomon adorant
les Idoles, n.° 30; sainte Elisabeth et Zacharie, n.° 34;
Baptême de Jésus-Christ, n. 40; Jésus-Christ tenté
par le Démon, n.° 41; le Couronnement d'Épine, n.° 69;
le Grand *Ecce Homo*, n.° 71; Jésus-Christ et la Madeleine, n.° 77 ; la Vierge et l'Enfant-Jésus, n.° 81. 12 P.

37 La Passion de J.-Ch., n.° 43 à 56 : *Original et Copie.*
28 Pièces

38 Les Évangélistes, 100 à 103; la Conversion de saint
Paul, 107; saint Christophe, 108; saint Jérôme, 113;
saint Sébastien, 115; saint Antoine, 116; Tentation
de saint Antoine, 117; saint Dominique, 118; sainte
Catherine, 125. 12 Pièces.

39 Virgile suspendu dans un panier, 136; Vénus et l'A-
mour, 138; Trois Grâces, 143; Homme et Femme en

promenade, 144; le Cavalier et la Dame, 145; la Dame
et le Paysan, 146; les Musiciens, 156; Arabesques,
161; les Enfans armés, 165; les Armes de Leyde, 168;
Arabesques, 169. 12 Pièces.

40 L'*Ecce-Homo*, 69; Trois Evangélistes, 100, 101 et
103; saint Dominique, 118; plusieurs Copies, dont
celle de l'Espiègle. 45 Pièces.

41 Plusieurs Copies, d'après des Gravures ou des Dessins
de Lucas de Leyde, dont celle de l'Espiègle. 47 P.

MUSIS (Augustin), *né à Venise vers* 1490.

42 Sainte-Famille; Combat d'Antelle et Darès; Triomphe
de Silène, etc. 5 Pièces.

43 Apollon et Daphné; Hercule enfant, etc. : *Epreuve
faibles.* 6 Pièces.

BONASONE (Jules), *né probablement à Bologne
vers* 1500.

44 La Coupe de Joseph; Triomphe de Silène; Portrait de
Raphaël, etc. 9 Pièces.

DENTE (Marc), *dit* MARC DE RAVENNE, *né à Ravenne vers* 1500 ?

45 La Vierge à la longue Cuisse; le Laocoon; Vénus et l'A-
mour, II.ᵉ Epreuve retouchée par Villamena; un Sacrifice, *ancienne Epreuve*; la Cassolette; plusieurs Bas-
Reliefs antiques, etc. : *Epreuves mod.* 19 Pièces.

BEATRICET (Nicolas), *né probablement à Thion-
ville vers* 1500.

46 La Samaritaine et la Conversion de saint Paul, d'après
Michel-Ange; le Combat des Amazones, et le Triomphe
de Marc-Aurel., etc. 7 Pièces.

ZAGEL (Martin), *né en Allemagne vers* 1500 ?

47 Martyre de saint Sébastien, n.º 4; Martyre de sainte

Barbe, n.° 9; les deux Amans, n.° 16. Ces 3 Pièces
ont beaucoup souffert.

COR. MET. confondu souvent avec **MATSYS**, 1500 ?

48 Groupe de Boiteux, n.° 14; Repas de Gueux, n.° 16; le
Jeune Ivrogne, n.° 18; un Homme endormi près d'un
bois : près de lui deux personnes à genoux; dans le coin
à gauche **COR. MET.** ; d'après Raphaël. 4 Pièces. La
dernière *n'est pas décrite par Bartsch.*

MATSYS (Corneille) 1510 ?

49 Sujets de l'Histoire de Tobie, n.°ˢ 2, 3 et 4; de l'Histoire de Samson, n.°ˢ 9, 16 et 17; Abraham et les trois
Anges; David tuant Goliath; Susanne et les Vieillards.
9 P. Les 3 dernières *non décrites par Bartsch.*

ALTDÖRFFER (Albert), *né à Altdorf vers* 1500.

50 Plusieurs Pièces de l'Histoire de la Passion de Jésus-
Christ, gravées sur bois d'après le Dessin d'Altdorffer.
20 Pièces.

BEHAM (Barthélemy), *né à Nuremberg vers* 1500.

51 Portrait de l'empereur Ferdinand, 61, II.ᵉ Etat : l'E-
preuve manque de conservation.

BEHAM (Hans-Sebald), *né à Nuremberg en* 1500.

52 Judith assise, 12; Job et ses Amis, 16; la Vierge et
l'Enfant-Jésus, 19; le Sauveur glorieux, 30; l'Enfant-
Prodigue, 33; les Evangélistes, 55 à 58; Trajan, 82; les
Travaux d'Hercule, 96 à 107; Léda, 112; les Planètes,
114 à 120. Le n.° 120, *Copie.* L'Impossible, 145,
I.ᵉʳ Etat; Femmes surprises par la Mort, 149 et 150. Ce
n.° porte la date de 1547, et non pas 1546, comme le dit
Bartsch. Plusieurs Groupes des Noces de Village, 154,
155, 156, 158, 159, 160, 173; Sujets divers, 186, 187,
188, 189, 196, 197; le Tambour, 198, I.ᵉʳEtat; le Porte-

Enseigne, 200, II.ᵉ État ; le Bouffon et les deux Couples
d'Amoureux, 212 : *très-jolie Epreuve* bien conservée
de la Planche désignée par Bartsch comme *Copie*, mais
que je crois *Original.* Vignettes, 228, 229, 230, 235,
236 ; un Triomphe d'Enfans, 237 ; l'Armoirie au Coq,
256, etc. En tout 63 Pièces.

PENCZ (George), *né à Nuremberg en* 1500, *mort en*
1556.

53 Histoire de Joseph, 9 et 10 ; 2 Pièces de l'Histoire de
Tobie, 13 et 17 ; l'Ascension, 54 ; la Pentecôte, 53 ; les
Œuvres de Miséricorde, 59, 61, 63, 64 ; le Samaritain,
68 ; Thomiris, 70 ; Médée, 71 ; Marcus Curtius, 75 ; Titus
Manlius faisant trancher la tête à son fils au moyen
d'une guillotine, 76 ; Regulus, 77 ; Porsenna, 81, *double;*
Virginius tuant sa fille, 84 ; Virgile suspendu dans un
panier, 87, *double* ; Triomphe de Bacchus, 92 ; la
Femme à la harpe, 96 ; l'Impudicité, 14 ; les Cinq
Sens, le n.° 106 *Original* ; les n.ᵒˢ 105, 107, 108 et
109 *Copies,* non mentionnées par Bartsch ; les Sciences,
111, 112, 115 et 116 : le n.° 112 *double ;* un Vase avec
des arabesques, 123 ; plus, Loth et ses Filles, Pièce *non
décrite,* et 2 Copies. En tout 39 Pièces.

ALDEGRAVER (Henry), *né à Soest en* 1502.

54 Adam et Eve, 6 et 11 ; Histoire de Loth, 14 à 17 ; Histoire de Joseph, 18 et 20 ; Histoire de Thamar, 26 et 28 ;
Jugement de Salomon, 28 ; Histoire de Susanne, 32 et
33 ; la Nativité, 39, *Copie ;* Parabole du Samaritain, 40
à 43 ; Parabole du Mauvais Riche, 44 à 48 ; 2 Vierges, 50
et 52 ; trois Evangélistes, 57, 59, 60 ; Sophonisbe, 62 ;
Lucrèce, 64 ; le comte d'Archambault punissant son ne-
veu, 73 ; Mercure, 77 ; la Lune, 81 ; les Travaux d'Hercule, 85 à 95 ; Pyrame et Thisbée, 102 ; le Sauveur, 116 ;

les Vertus, 118 à 123 ; les Vices, 124, 125, 126, 128,
129, 130 ; la Force, 133 ; le Souvenir de la Mort, 134 ;
la Tempérance, 143 ; Groupes de Noces, 161 à 165,
et 168 à 171 ; un Enseigne, 177 ; Portrait de Jean Van
Leyden, *Copie* du n.° 182 ; plusieurs Vignettes et Rin-
ceaux d'ornemens, 197, 216, 235, 267, 279, 282, 284,
285, 286, 288, etc. 97 Pièces.

HOPFER (Jérôme), *né à Nuremberg vers* 1510.

55 Portrait d'un Naturaliste vu de profil, tenant une fleur
de la main droite, 66 ; la Famille du Satyre, ; une
Pièce allégorique, 41 ; 3 autres Pièces par Daniel et
Lambert Hopfer. En tout 6 Pièces.

SUAVIUS (Lambert), nommé Lambert-Lombart, *né
à Liége vers* 1510.

56 Les Apôtres : il en manque 1, et il s'en trouve 7 *doubles ;*
plusieurs Pièces du Nouveau-Testament. 25 Pièces.

DADO (B.), *né probablement à Venise vers* 1512,
faussement nommé BÉATRICIUS l'ancien, et plus
connu sous le nom de MAITRE AU DÉ.

57 Le Couronnement de la Vierge ; Apollon ordonnant le
supplice de Marsyas ; le Triomphe de Cybèle, etc. 14 P.

58 Deux Batailles de Scipion ; Hercule chassant les Vices du
Parnasse ; 2 Pièces de l'Histoire de Psyché, etc. 15 P.

VIRGILE, SOLIS et autres, 1515 ?

59 Plusieurs Suites incomplètes ; les Sciences, les Planètes, des Ornemens, et autres Sujets. 74 Pièces.

VICO (Ænée), *né à Parme vers* 1520.

60 La Vierge assise, soutenant l'Enfant-Jésus ; Vulcain dans
sa forge ; Didon, etc. 6 Pièces.

STAREN (Thierry Van), *vivait en Hollande en* 1520.

61 Le Déluge, n.° 2; le Tambour de l'Enfant, n.° 17, 2 Pièces.

LOSNE (Étienne de), *né à Orléans en* 1520.

62 Le Serpent d'Airain, d'après Cousin, grande Pièce; plusieurs petites Pièces de l'Ancien et du Nouveau-Testament; Médaillons, Arabesques, etc. 267 Pièces.

GAULTIER (Léonard), *France,* 1560?

63 Le Jugement dernier, d'après Michel-Ange; Suite du Nouveau-Testament; Portrait de Charron, etc. 117 Pièces.

GHISI (Les), 1520.

64 La Vierge et saint Michel; Continence de Scipion; Horatius Coclès; Vénus et Adonis; la Naissance d'Apollon et de Diane; Punition de Marsyas, etc. 23 P.

65 Plusieurs Pièces gravées par George, Adam et Diane Ghisi; la plupart Épr. modernes. 51 Pièces.

WOEIRIOT (Pierre), *né à Bar-le-Duc vers* 1525.

66 Un Portrait; la Femme d'Asdrubal se précipitant dans les flammes avec ses enfans; Supplice de Phalaris, etc. 6 Pièces.

COLLAERT (Adrien et Jean), 1530?

67 Le Jugement dernier, d'après Stradan; plusieurs Sujets de l'Ancien et du Nouveau-Testament; différentes Figures d'Animaux. 51 Poussin.

VOS (Martin de), *né à Anvers en* 1534.

68 La Passion de Jésus-Christ; les Actes des Apôtres; les Planètes; les Parties du Monde; plusieurs Allégories sacrées et profanes. 67 Pièces.

CORT (Corneille), *né à Horn en* 1536.

69 La Transfiguration, d'après Raphaël; Tarquin et Lucrèce, d'après Titien, *Orig. et Cop.*; Figure d'un Faune portant Bacchus, d'après l'antique; Tombeau des Médicis, d'après Michel-Ange, etc. 24 Pièces.

PASS (Crispin Van) *né en Zélande vers* 1556.

70 Différentes Pièces détachées de diverses Suites incomplètes. 30 Pièces.

PÉRISSIN (Jean) 1550?

71 Diverses Scènes historiques de la Ligue, gravées sur bois. 15 Pièces.

SADELER (Jean), *né à Bruxelles en* 1550.

72 Plusieurs Saintes-Familles et autres Sujets de l'Ancien et du Nouveau-Testament. 67 Pièces.

SADELER (Raphael), *né à Bruxelles en* 1555.

73 L'Adoration des Bergers, d'après Bassan; le Mariage de sainte Catherine, d'après Goltzius; les quatre Saisons; le Prince Charles-Emmanuel de Savoie, à cheval, etc. 24 Pièces.

SADELER (Gilles), *né à Anvers en* 1570.

74 Œuvre de Gilles Sadeler, où se trouve la Passion de Jésus-Christ, les Empereurs et Impératrices, les Vues de Rome, etc., etc. 1 vol. grand-aigle, relié en veau. 121 Pièces.

75 Sainte-Famille et Portement de Croix, d'après Durer; les trois Maries, d'après Spranger; l'Adoration des Rois, et l'Assomption, d'après Speccard; saint Sébastien, d'après Palme; les Empereurs et Impératrices de Rome; les Empereurs d'Allemagne, Rodolphe et Mathias; la grande Salle de Prague, etc. 56 Pièces.

SADELER et autres.

76 Le Massacre des Innocens, d'après Tintoret, etc. 23 Pièces.

77 Fuite en Égypte; saint Jérôme; Calisto et Diane au bain; Prométhée, etc. 29 Pièces.

WIERX (Les), 1550 ?

78 Plusieurs Saintes-Familles; les Apôtres; les Pères de l'Église, etc. 41 Pièces.

TEMPESTA (Antoine), *né à Florence en* 1555.

79 Saint Jérôme; plusieurs Sujets de Chasse; Suite de Martyres. 60 Pièces.

GOLTZIUS (Henri), *né à Mulbrecht en* 1558.

80 L'Annonciation; la Visitation; l'Adoration des Bergers; la Circoncision; l'Adoration des Mages; et la Sainte-Famille : Suite dite les *Chefs-d'OEuvre de Goltzius.* 6 Pièces.

81 La Passion de Jésus-Christ, *Orig. et Cop.* Manque le Calvaire, n.° 10. 23 Pièces.

82 Apollon; Hercule; Phaéton; les Compagnons de Cadmus dévorés par le Dragon, etc. 8 Pièces.

83 Henry Goltzius; Théodore Cornhert; Théodore Frisius jouant avec un chien; deux Porte-Enseignes, etc. 10 Pièces.

84 Les Apôtres; les Dieux de la Fable : *Orig. et Cop.;* et différens Sujets gravés d'après les Dessins de Goltzius. 74 Pièces.

CARRACHES (Les), 1560 ?

85 Le grand Calvaire, d'après Tintoret; plusieurs Saintes-Familles; le Christ en Croix, et le Christ au Tombeau, d'après Paul Caliari; plusieurs Pièces à l'eau-forte, par Annibal Carrache ou d'après lui. 15 Pièces.

CUSTOS (**Dominique**), *ne à Anvers vers* 1560.

86 Les quatre Évangélistes; Sujets pour le *Crédo*, etc.
28 Pièces.

VORSTERMAN (**Lucas**), *né à Anvers vers* 1590.

87 Susanne et les Vieillards; Job tourmenté; saint Michel
renversant les Démons; plusieurs Portraits, d'après
Van Dyck, Rubens et Titien. 16 Pièces.

ALBERTI (**Chérubin**), *né à Borgo Sansepulcro en*
1552.

88 L'Adoration des Bergers, d'après Rosso; plusieurs
Figures tirées de la chapelle Sixtine peinte par Michel-Ange, etc. 16 Pièces.

BRY (**Jean-Théodore de**), *né à Liége en* 1561.

89 Le Retour des Noces de Rebecca; le Triomphe du
Christ; diverses Marches de Soldats, etc., etc. 11 P.

90 Sujets divers, Ornemens, etc. 55 Pièces.

GHEIN *le vieux* (**Jacques de**), *né à Anvers en* 1565.

91 Les douze Tribus et les douze Apôtres, d'après Carle
Van Mander; les qnatre Évangélistes, et des Figures
de Militaires, d'après Goltzius, etc. 43 Pièces.

BRUYN (**Nicolas de**), *né à Anvers vers* 1570.

92 Les trois Jeunes Hommes dans la fournaise; le Massacre des Innocens; le Calvaire. 3 tr.-gr. Pièces.

SAEUREDAM (**Jean**), *né à*   *vers* 1570?

93 Hommages rendus à Cérès, à Bacchus et à Vénus,
d'après Goltzius; et plusieurs Sujets de Suites incomplètes. 27 Pièces.

MULLER (**Jean**), *né à Amsterdam vers* 1570?

94 Caïn tuant Abel; Arion, d'après Corneille Cornellissen;

Hercule combattant l'Hydre; Groupe d'un Romain enlevant une Sabine, d'après Adrien de Vries, etc. 15 Pièces: plusieurs de ces Pièces ont souffert.

MATHEUS (**Jacques**), *né à Harlem en 1571.*

95 L'Amour vainqueur de Pan; les quatre Saisons; plusieurs Sujets allégoriques, etc. 22 Pièces.

RUBENS (**Pierre-Paul**), *né à Cologne en 1577.*

96 Le Serpent d'Airain, gravé par Aubert; Esther et Assuérus, par Colins Rendez à César, ce qui est à César, par Vorsterman; plusieurs Vierges, etc. 22 P.

97 Suite de Bustes antiques, représentant Platon, Sophocle, Démosthène, Démocrite, Hippocrate, Socrate, Scipion-l'Africain, Cicéron, César, Brutus, Néron et Sénèque, gravés par Vorsterman, Pontius, Bolswert et autres. 13 Pièces.

98 La Galerie du Luxembourg. 27 Pièces.

RABEL (**Daniel**), *né à Paris vers 1580.*

99 Divers Costumes du règne de Louis XIII.

ZAMPIERI (**Dominique**), *né à Bologne en 1581.*

100 La Communion de saint Jérôme, par Farjat; les Vertus cardinales, peintes aux pendantifs de Saint-Charles-de-Catenari; les Peintures de Cryptoferrato, par Bartolozzi, Pazzi, Gregori et Capellan; celles du Palais Costaguti, par Cunego. En tout 41 Pièces.

GOUDT (**Henri de**), Comte palatin, *né à Utrecht en 1585.*

101 Tobie et l'Ange, deux Compositions différentes; la Fuite en Egypte; l'Aurore; Cérès cherchant sa fille; Jupiter et Mercure chez Philémon et Baucis. 6 P.

SCHELTE de Bolswert, *né à Bolswert en 1586.*

102 Deux Saintes-Familles, d'après Rubens; Jupiter et

la chèvre Amalthée, d'après Jordaens ; Pan gardant
son troupeau, d'après Jordaens : deux Epr., dont une
avant la lettre, et retouchée au pinceau par le peintre, etc. 7 Pièces.

PONTIUS (Paul), *né à Anvers vers* 1590.

103 Le Christ mort, accompagné de la Vierge, la Madeleine et saint Jean ; Portrait de Frédéric-Henri, prince
d'Orange ; Henri, comte de Berghe, et Jacques de
Breuck. 4 Pièces, d'après Van Dyck.

PERRIER et autres, 1590.

104 Plusieurs Statues antiques, par Perrier ; et plusieurs
Études et Paysages, gravés à l'eau-forte par Dorigny,
Loir, Filleul et autres. 66 Pièces.

CALLOT (Jacques), *né à Nancy en* 1593.

105 Diverses Pièces, dont le Parterre de Nancy ; la Carrière de Nancy ; deux Vues de Paris ; la Bataille du
roi Tessi et du roi Tinta ; la Tentation de saint Antoine, etc., etc. 58 Pièces.

106 La Foire de Nancy ; les Joueurs ; les Misères de la
guerre, et autres Pièces. 22 Pièces.

POUSSIN (Nicolas), *né aux Andelys en* 1594.

107 L'Assomption de la Vierge ; la chèvre Amalthée ;
Vénus et Mars, etc. 26 Pièces.

**RIBERA (Joseph, *dit* L'ESPAGNOLET), *né à Calli-
poli, dans le royaume de Naples, en* 1593.**

108 Saint Jérôme, n.º 4, *Epr. défectueuse* ; saint Jérôme,
n.º 5 ; saint Barthelemy, n.º 6, *Epr. faible.*

BREBIETTE, MORIN et autres.

109 Moïse sauvé, par Brebiette ; une Tête de Christ ; le

Portrait de Richelieu, par Morin; deux Femmes, par Bellange; et autres Pièces. 19 Pièces.

VELDE (JEAN VAN DE), *Né à Leyde vers* 1598.

110 Diverses Scènes de nuit. 6 Pièces.

DYCK (ANTOINE VAN), *né à Anvers en* 1599.

111 Jésus-Christ arrêté au Jardin des Olives; Jésus-Christ au Tombeau, et plusieurs Portraits. 28 Pièces.

HOUE (PAUL DE LA), 1600?

112*Portrait de Sully, *collé en plein.*

HOOGHE (ROMYN DE), *né à La Haye vers* 1600 *?*

113 Voyage de S. M. Britannique en Hollande; Entrée publique des Ambassadeurs anglais à **Breda**; **Portrait** de Joseph, premier roi de Hongrie, et de **Jean So**-bieski, roi de Pologne, etc., etc. 24 Pièces.

SUIDERHOEF (JONAS), *né à Leyde vers* 1680.

114*Le Traité de Munster, d'après Teburch : *ancienne Ep.*

115 Les quatre Bourguemestre d'Amsterdam recevant l'an-nonce de l'arrivée de Marie de Médicis, d'après Kai-ser; Marche d'Animaux, d'après Berghem; Portraits de Martin Tromp et d'Habraam Heyde. 4 **Pièces.**

BLOEMAERT (CORNEILLE), *né à Utrecht en* 1693.

116 Nativité, d'après Beretini; Adoration des **Bergers**, d'après Raphaël; Sainte-Famille, d'après **Mazzuoli**, etc. 5 Pièces.

117 Saint Luc, d'après Raphaël; saint Pierre ressuscitant Tabithe, d'après Guerchin, etc. 12 Pièces.

REMBRANDT (VAN RYN), *né à Leyde en* 1606.

118 Portrait de Rembrandt, 17, III.ᵉ Etat; David à ge-noux, 41; la Circoncision, 47; Résurrection de

Lazare, 74, IV.ᵉ Etat; le Christ porté au tombeau, 84;
les Disciples d'Emmaüs, 87, II.ᵉ Etat; le bon Samaritain, 90, III.ᵉ Etat; saint Jérôme, 105, II.ᵉ Etat;
la Faiseuse de Kouks, 124, *coupée;* le Paysan et sa
Famille, 131, *rognée;* le Joueur de Cartes, 136; le
Dessinateur, d'après le modèle, 192; Vieillard à
grande barbe et bonnet fourré, 265; Jean Silvius,
266; Jean Lutma, 276, II.ᵉ Etat; Wtenbogaerd,
279, II.ᵉ Etat, *rognée;* Vieillard endormi, 290; vieille
Femme assise, 348, II.ᵉ Etat; Griffonis avec la tête
de Rembrandt, 363; Buste de Mendiant, fragment
du n.ᵉ 366, et plusieurs Copies. En tout 22 Pièces.

119 Portraits de Rembrandt, 17, III.ᵉ Etat, 18, 20 et
26; David en prière, 41; Sainte-Famille, 63; la
Samaritaine, 70, *deux Epr.,* 71; Jésus-Christ porté
au tombeau, 84; saint Pierre et saint Paul à la porte
du temple, 94, III.ᵉ Etat; Figures orientales, 118;
le Jeu du Kolf, 125; Mendians, 177, 178; Vénus au
bain, 201; Manassé Ben Israël, 269; Faustus, 270;
le jeune Haring, 273, IV.ᵉ Etat; Tête de Vieillard,
291, etc. 22 Pièces.

120 Portraits de Rembrandt, 13, 19, 322; David en
prière, 41; l'Adoration des Bergers, 46; la Circoncision, 47; les Vendeurs chassés du temple, 69; Descente de Croix, 83; l'Enfant-Prodigue, 91; saint Jérôme, 100; l'Etoile des Rois, 113; Mendians, 131
et 164, Epr. *fatiguées et rognées;* Mendians à la porte
d'une maison, 176; Paysage au Dessinateur, 219;
Portrait d'Homme, 268; Lutma, 276, II.ᵉ Etat;
Têtes de Vieillards, 294, 307; Griffonis, 365 et 368:
ce dernier en *mauvais état,* etc. 27 Pièces.

121* La Descente de Croix : l'adresse effacée.

122 Jean Sylvius, 266; le jeune Haring, 275, IV.ᵉ Etat;

Jean Lutma, 276, II.ᵉ Etat; plusieurs Têtes, 321,
358, etc.; quatre Figures, par Lievens; et plusieurs
Copies, d'après Rembrandt. 34 Pièces.

123 Portraits, Etudes, Paysages, etc., par divers Graveurs, d'après Rembrandt. 35 Pièces.

124 Deux Portraits de Rembrandt, gravés en manière
noire, par Earlom et Pethers. 2 Pièces.

BOL, VLIET et LIEVENS.

125 Par Bol : Sacrifice de Gédéon, 2, III.ᵉ Etat; Tête de
Vielllard, 9, *en mauvais état.*

Par Vliet : Loth et ses Filles, 1; Anachorète, 14;
plusieurs Figures des Métiers, 36, 42, 43, 47; le
Vendeur de Mort aux Rats, 55; plusieurs Figures de
Gueux, 73, 74, 76, 77, 78, 79, 80.

Par Lievens : Buste d'un Capucin, 14; autre Tête
avec barbe, 51; un Portait désigné comme celui de
Jacques Pern, musicien du roi d'Angleterre. Bartsch
le décrit parmi les Pièces d'auteurs inconnus, dans son
Catalogue, tome II, p. 108, n.º 25. La dimension
de cette planche est : Haut. 7 p. 9 l. Larg. 6 p. —
Plusieurs autres Pièces. En tout 31 Pièces.

MELLAN (Claude), *né à Abbeville en 1606.*

126 Jésus-Christ au Jardin des Olives; la sainte Face:
deux Epr. différentes; saint François; plusieurs Portraits, dont le président Molé, Bouthillier, le cardinal Mazarin, Gassendi, Peiresc, Gabriel Naudé, etc.
57 Pièces.

127 Recueil de différentes Pièces de l'Ancien et du Nouveau-Testament, de la Mythologie, et plusieurs Statues du Cabinet du Roi. etc., etc. 1 vol. à dos de
basanne. 62 Pièces.

HOLLAR (Wenceslas), *né à Prague en* 1607.

128 Tobie et l'Ange; Cérès cherchant sa fille, d'après
Elsheimer; les Saisons, à mi-corps; et la figure de
l'Été, figure entière. 7 Pièces.

129 La Mort venant surprendre l'Homme dans les différens états de la vie, d'après Holbein : Suite incom-
plète. 24 Pièces.

130 Portraits de Lucas et Corneille de Wael, Jean Holbein, Henri Vander Borcht, et plusieurs Têtes d'Études. 17 Pièces.

131 Suite de Papillons et d'Insectes; Études de Chiens
et d'Objets de chasse. 28 Pièces, dont une *Copie.*

BELLA (Étienne della), *né à Florence en* 1610.

132 Le Port de Livourne; plusieurs autres Vues; des
Études, et le Vase de Médicis. 35 Pièces.

133 Vue du Pont-Neuf : 1.re Epr. *avant le coq* sur le clo-
cher de Saint-Germain. La Pièce a quelque déchirure
et est collée en plein.

ROUSSELET (Gilles), *né à Paris en* 1614; *et autres.*

134 Saint Michel, d'après Raphaël; le Ravissement de
saint Paul, d'après le Dominiquin; et plusieurs autres Pièces, par Poilly, Masson, Lombard et Spierre.
39 Pièces.

ROSA (Salvator), *né à Renella en* 1615.

135 Saint Guillaume, 1; saint Albert, 2; Jason, 18; plusieurs Études de Figures, *Orig. et Copies.* En tout
82 Pièces.

CASTIGLIONE (Jean-Benoît), *dit* LE BENEDETTE,
né à Gènes en 1616.

136 La Nativité; plusieurs Scènes variées; une Tête
d'Étude, et plusieurs Pièces, d'après lui. 7 Pièces.

TESTA (Pierre), *dit* **LUCCHESINO**, *né à Lucques en* 1617.

137 La Vierge et l'Enfant-Jésus; Achille plongé dans les eaux du Styx; Achille traînant le corps d'Hector, 2 Epr.; Didon sur le bûcher, etc. 7 Pièces.

SWANEVELT (Herman), *dit* **HERMAN D'ITALIE**, *né en Hollande vers* 1620; *et autres*.

138 La Cuisinière et son Amoureux, par Van Haeften; plusieurs Paysages, gravés à l'eau-forte par Swanevelt, Corneille Schut, Paneels, Vander Cabel, François de Neve, Genoels, Both, Du Jardin, Waterloo, etc. 37 Pièces.

BÉGA (Corneille), *né à Harlem en* 1620.

139 Études diverses, gravées à l'eau-forte : n.ᵒˢ 10, 11, 12, 13, 16, 17, 18, II.ᵉ Etat; 19, 20, 23, 25, 26, II.ᵉ Etat; 27, 28, 29, 30, 31, 34. En tout 18 Pièces.

PERELLE (Gabrielle) *et autres*.

140 Plusieurs Paysages; la Pierre du fronton du Louvre, par Le Clerc, etc., etc. 63 Pièces.

NANTEUIL (Robert), *né à Reims en* 1630.

141 Portraits de Jac.-N. Colbert, Paul de Lionne, Perefixe, La Tour d'Auvergne, Michel Le Masle, C.-M. Le Tellier, de Coislin, etc., etc. 15 Pièces.

142 Portraits de Charles de Loraine, Fouquet, La Tour d'Auvergne, Scudéry, Epr. défectueuse, etc. 8 P.

STELLA (Claudine **BOUSONNET**), *née à Lyon en* 1634.

143 La Passion de Jésus-Christ, d'après Le Poussin. 13 P.

144 Entrée triomphante de Sigismond à Mantoue, d'après Jules Romain. 25 Pièces.

BLOOTELING (Abraham), *né à Amsterdam en* 1634.

145 L'amiral Cortenaer, d'après Vander Helst; l'amiral Ruyter; Études de deux Lions, d'après Rubens. 5 P.

BARTOLI (Pietro-Santi), *né à Pérouse en* 1635.

146 Jupiter foudroyant les Titans; et plusieurs Frises, d'après Jules-Romain; autres, d'après Polidore de Caravage, etc. 45 Pièces.

VISCHER (Les), 1630?

147 Le Vendeur de Mort aux Rats; la Bohémienne; la Fricasseuse; l'Antiquaire; Portrait de Vondel, etc. 10 Pièces.

148 Scènes de Voleurs, d'après Pierre de Laer; Chasses, d'après Vincken-Booms; Paysages, d'après Berghem; Portraits de Vander Hulst et de Rubens. 18 Pièces.

BÉRAIN (Jean), *né à Paris en* 1639?

149 Recueils d'Ornemens, Panneaux, etc., inventés et dessinés par Bérain. 1 vol. in-fol. veau.

BAUDUIN (Antoine-François), *né à Dixmude en* 1640.

150 Plusieurs Paysages gravés à l'eau-forte, d'après Vander Meulen. 8 Pièces.

LUYCKEN *et autres,* 1640.

151 Figures pour l'Histoire des Pays-Bas, dessinées et gravées par Luycken, Picart et autres. Manque le n.° 46. 51 Pièces.

PARROCEL (Joseph), *né à Brignolles en* 1648.

152 Les Mystères de la Vie de N.-S. Jésus-Christ. 25 P.

AUDRAN (Les), 1660?

153 Sainte Françoise, par Gérard; Alexandre malade, par Benoît, etc. 22 Pièces.

POILLY (Les) , 1660 ?

154 Plusieurs Saintes-Familles, d'après Raphaël, Guido Reni , Poussin et Bourdon ; la Vision d'Ézéchiel, d'après Raphaël; Mariage de sainte Catherine, d'après Mignard, *Original et Copie.* 14 Pièces.

PICART (Bernard) , *né à Paris en* 1663.

155 Plusieurs Pièces des Cérémonies religieuses; Pierres gravées de Stoch; Portrait de Guillaume III, etc. 105 Pièces.

DREVET père (Pierre) , *né à Lyon en* 1664.

156 Portraits en pied de Louis XIV et de Louis XV, d'après Rigaud. 2 Pièces.

157 Portraits de la duchesse de Nemours, Marie Cadesne et autres. 7 Pièces.

158 Portraits de Samuel Bernard, Dangeau , Nicolas Lambert, etc. 8 Pièces.

159 Portraits de Rigaud, Louis de Boulogne, Keller, etc. 10 Pièces.

160 Portraits des cardinaux Dubois, de Bouillon et de Fleury, Nicolas Colbert, etc. 13 Pièces.

161 Portraits de Louis XIV, le comte de Toulouse, le prince de Condé, le duc de Berwick, etc. , etc. 9 P.

RUGENDAS (George-Philippe) , *né à Augsbourg en* 1666.

162 Plusieurs Batailles et Études de Cavaliers, grav. par Chrétien Rugendas, Probst et autres. 16 Pièces.

COYPEL (Charles) , *né à Paris en* 1694.

163 OEuvre de Coypel, collé avec soin sur papier grand-aigle, et relié en veau , 2 vol. dorés sur tranche , provenant du Cabinet de la princesse Potoska. 345 P.

DREVET (**Pierre-Imbert**), *né à Paris en* 1697.

164* Éliézer et Rebecca, d'après Coypel, et le Portrait
de Bossuet, d'après Rigaud, Épreuve avec 5 *points*
après le mot *pinxit.*

HOUBRAKEN (**Jacques**), *né à Dordrecht en* 1698.

165 Recueil de Portraits de différens Personnages de la
Hollande, *avant* et *avec la lettre.* 238 Pièces.

RAVENET (**Simon-François**), *né à Paris en* 1706.

166 L'Amour et Psyché; Mars et Vénus, d'après le Parmesan ; saint Martin, d'après Ribera, etc., etc. 6 P.

PIRANESI (**Jean-Baptiste**), *né à Rome en* 1707.

167 Les OEuvres de Piranèse, 24 vol. de différens formats,
demi-reliure uniforme à dos de maroquin, *Edition
de Rome ;* plus, les Antiquités de la Grande-Grèce,
en 2 vol. publiés à Paris en 1804, et de la même re-
liure.

BAS (**Jacques-Philippe Le**), *né à Paris en* 1708.

168 Deux grandes Vues de l'île Barbe, plus un Paysage
d'après T. Moucheron, par Primavesi. 3 Pièces.

CANOT et autres, 1710.

169 Deux Paysages, d'après Claude Lorrain ; deux Vues
de Windsor, etc. 10 Pièces.

VIVARÈS (**François**), *né à Lodèves vers* 1712.

170 La Fuite en Égypte, d'après Claude Lorrain; le Matin, d'après Joseph Vernet, et plusieurs autres Paysages. 7 Pièces.

171 Plusieurs Paysages, d'après Martorelli, Joseph Vernet, Ant. Zingg et autres. 15 Pièces.

WILLE (Jean-George), *né à Kœnisberg en* 1715.

172* Cléopâtre se faisant piquer par un aspic, d'après Netcher.

173 La Mort de Cléopâtre, d'après Netcher; la Dévideuse, d'après G. Dow. 2 Pièces.

HAGEDORN (Christian-Louis de), *né à Hambourg en* 1717.

174 Petits Paysages gravés à l'eau-forte par lui et par Jean Fishbach, R.-A. Wieilk, 'etc. 22 Pièces.

BALECHOU (Jean-Joseph), *né à Arles en* 1720.

175* Portrait en pied d'Auguste III, roi de Pologne.

MARCENAY DE GHUY (Antoine de), *né à Arnay-sur-Avon en* 1722.

176 Œuvre de Marcenay de Ghuy, Exemplaire tiré *sur papier de Chine.* 56 Planches in-4.° cart.

STRANGE (Robert), *né en* 1723.

177 Sainte Agnès, d'après Dominique Zampieri, *Epr. avant toute lettre.*

179 La Maîtresse du Parmesan, d'après le Parmesan; la Justice et la Douceur, d'après Raphaël. 3 Pièces.

GUNST (Pierre Van), *né en* 1724.

180 Batailles d'Alexandre, gravées par Gunst. 1 vol. in-folio, maroq. rouge.

CUNÉGO (Dominique), *né à Vérone en* 1727.

181 La Vierge et l'Enfant-Jésus, d'après Corrège; la Vierge, la Madeleine, d'après Guido Reni; une Vierge, d'après R. Mengs, etc. 6 Pièces.

BARTOLOZZI (François), *né à Florence en* 1728.

182 Sainte-Famille, d'après Poussin, par Bartolozzi.

Épr. avant la lettre : Portrait de Napoléon, d'après
Tofanelli, etc. 11 Pièces.

MENGS (Antoine-Raphael), *né à Aussig en* 1728.

183 Peintures faites au Vatican par Mengs, et gravées par
Cunego et Capellan. 4 Pièces.

CHOFFARD (Pierre-Philippe), *né à Paris en* 1729.

184 Divers Sujets, Culs-de-Lampe, Fleurons et autres
Pièces. 25 Pièces.

GAUTIER D'AGOTY, *né à Paris en* 1730.

185 Portrait de Dufrény, gravé en couleur, d'après Coypel, *rare.* 1 Pièce.

WALKER (Antoine), 1730 ?

186 La Famille de Tobie, d'après Rembrandt; la Consul-
tation de l'Avocat, d'après Holbein; le Légiste et le
Médecin, d'après Ostade; Étude de Lions, d'après
Rubens, etc., etc. 8 Pièces.

FRIQUET (Étienne), *né à Paris en* 1731.

187 Mme de Maintenon : belle Épr. *sur pap. double.*

ZING (Adrien) et autres, 1734.

188 Paysages, Vues diverses, Scènes familières, grav. à
l'eau-forte. 29 Pièces.

WOOLLETT (Guillaume), *né à Maidstone en* 1735.

189 Phaéton et Niobé, d'après Richard Wilson ; le Pont
du Diable et la Vallée de Luterbrun, d'après Pars.
4 Pièces.

BOISSIEU (Jean-Jacques de), *né à Lyon en* 1736.

190 Plusieurs Paysages, Portraits, Têtes d'Étude, gravés
à l'eau-forte : *anc. Epr.* 9 Pièces.

HACKAERT (Jacques-Philippe), *né à Prenseleau en* 1737.

191 Suite de six Paysages gravés par B.-A. Dunker. 6 P.

DAUDET (Jean-Baptiste), *né à Lyon en* 1737

192 Plusieurs Paysages, d'après Panini, Berghem, Vernet et autres : Épr. *avant toutes lettres,* tirées du Musée français. 7 Pièces.

CAPELLAN (Antoine), *né à Venise vers* 1740.

193 Création d'Adam et d'Ève; Adam et Ève chassés du Paradis, d'après Michel-Ange; Mariage de sainte Catherine, d'après Corrège; Repos en Épypte, d'après Barrache; et la Présentation, d'après Fra-Bartholomeo, par Campanella.

MULINARI (Étienne), *né à Florence vers* 1741.

194 Plusieurs Gravures, d'après les Dessins de Masaccio, Michel-Ange, Raphaël, Parmesan, Barbieri, faisant partie de la Galerie de Florence. 29 Pièces.

DUCLOS (Antoine-Jean), *né à Paris en* 1742.

195 La Reine Marie-Antoinette annonçant à M.ᵐᵉ de Bellegarde la liberté de son mari. 7 Épr. différentes.

DENON (Vivant), *né à Mâcon vers* 1745?

196 La Mort de la Vierge, d'après Rembrandt; et plusieurs Études, Paysages, etc. 50 Pièces.

197 L'Adoration des Bergers, d'après Giordano; quelques Études, d'après Rembrandt, etc. 25 Pièces.

INGOUF (François-Robert), *né à Paris en* 1747.

198* Adoration des Bergers, d'après Ribera : *Epr. avant la lettre.*

MULLER (Jean-George), *né à Stuttgard en* 1747.

199* La Vierge à la Chaise, d'après Raphaël : *Epr. avant toute lettre.*

200* Sainte Cécile, d'après Dominique Zampierri : *Epr. avant la lettre.*

MULLER (Frédéric).

201* La Vierge au Donataire, d'après Raphaël : *belle Ep.*

EICHLER (Mathieu - Godefroy), *né à Erlangue en* 1748.

202 Paysages, d'après Lucatelli, Patel, etc. : *Epr. avant toutes lettres*, tirées du Musée français. 5 Pièces.

WATSON (Jacques), *né à Londres vers* 1750.

203 La Correspondance et la Musique, d'après Metzu ; Portraits de lord Wandesford et de l'archevêque Laud, d'après Van Dyck ; de lady Sitting, d'après Rubens ; de lady Bingham, d'après Hauffman, et plusieurs autres. 15 Pièces.

TARDIEU (Les), 1750.

204 La Sainte-Famille, d'après André Luigi ; et plusieurs autres Pièces, d'après Teniers, Verdier, Le Brun, Michel Corneille, Bertin et autres. 29 Pièces.

PIROLI (Thomas), *né à Rome en* 1750.

205 Douze Figures peintes par Michel-Ange, dans la voûte de la chapelle Sixtine au Vatican, avec le titre. 13 Pièces.

GUTTEMBERG (Henri), *né à Nuremberg vers* 1750.

206 Saint François en extase, d'après Lauri ; et le Rémouleur, d'après Téniers : Epr. *avant les noms d'artistes*, tirées du Musée français ; plusieurs Pièces des Galeries de Florence et du Palais-Royal. 6 Pièces.

THELOTT (Jean-André), 1750?

207 Suite de Batailles, dess. et grav. à l'eau-forte, par Thelott. 11 Pièces.

BIZEMONT (Le comte de), *né à Tignouville, près d'Etampes,* 1752.

208 Essais de Gravures formant Album. 46 Pl.

209 Plusieurs Paysages et Animaux, et autres Sujets, gravés à l'eau-forte. 16 Pièces.

DEQUEVAUVILLERS (François), *né à Abbeville en* 1754.

210 Deux Marines, d'après Vernet , et deux Statues : *Epr. avant toutes lettres,* tirées du Musée français. 4 Pièces.

211* Portrait du cardinal de Bausset, d'après Labby : *Epr. avec la lettre tracée,* sur papier de Chine.

BERVIC (Jean-Guillaume BARVEZ *dit*), *né à Paris en* 1756.

212* Le Laccoon : *Epreuve avant toute lettre.*

213* Port. en pied de Louis XVI, d'après Callet: *anc. Epr.*

TARDIEU (Pierre-Alexandre), *né à Paris en* 1756.

214* Saint Michel, d'après Raphaël : *Epr. avant toute lett.*

MORGHEN (Raphael) *né à Naples en* 1758.

215* La Cène, d'après Léonard de Vinci : *Epreuve avant la virgule.*

216* La Transfiguration, d'après Raphaël : Epreuve avant toute lettre et avec *le livre blanc.* On croit qu'il n'y a eu que deux Epreuves de cette qualité.

217* Portrait de Louis XVIII, d'après Augustin.

218 Portrait de la Fornarine, d'après Raphaël.

LAURENT Père et Fils, 1760 ?

219 Un Paysage, d'après Berghem , et une Statue : *Epr. avant toutes lettres,* tirée du Musée français. 2 Pièces.

GIRARDET (Abraham), *né à Neufchâtel en* 1764.

220 L'Apothéose d'Auguste, grand Camée du Cabinet Impérial de Vienne : *Epreuve avant la lettre,* sur papier de Chine. 2 Pièces.

221 L'Apothéose d'Auguste, grands Camées de la Bibliothèque du Roi à Paris, et du Cabinet Impérial à Vienne : *Epreuves avant la lettre* et sur papier de Chine. 2 Pièces.

PRIMAVESI (Jean-George), *né à Heidelberg vers* 1765 ?

221 *bis** Un Paysage avec cascade sur le devant, gravé à l'eau-forte, d'après Moucheron : *Epr. avant la lettre.*

BOURGEOIS(Florent-Fidèle-Constant),*né en* 1767, *à Guiscard , département de l'Oise.*

222 Diverses Vues des Jardins de la France. 16 Pièces.

223 Vues d'Italie et de France, en Lithographie. 24 Pièces.

AUDOUIN, (Pierre), *né à Paris en* 1768.

224 Portrait en pied de Louis XVIII, d'après Gros, Ire Ep. avec *un paraphe de l'imprimeur.*

225 Vue de Constantinople, par Melling , 1811; Gertrude, servante de Molière.

DUPARC, *Paris* 1770 ?

226* Vues de Constantinople, d'après Melling : *Epreuves avant la lettre.* 3 Pièces.

GOYA (Fʀᴀɴçᴏɪꜱ), *Lisbonne* 1770 ?

227 Recueil de Caricatures gravées au lavis. 80 Pièces avec Catalogue manuscrit.

SENEFELDER, *né à Munich vers* 1770 ?

228 Collection de plusieurs Essais en Dessins et Gravures, pour servir de supplement à l'Instruction Pratique de la Lithographie, par Alloys Senefelder. 1819. In-folio, br. 21 Pièces.

PIRINGER (Bᴇɴᴏîᴛ), *né à Vienne en* 1774.

229 Vues et Costumes pour le Voyage de M. Simond, en Ecosse et dans le pays de Galles. 13 Pièces.

MASSARD (J.-B.-R.-Uʀʙᴀɪɴ), *né à Paris en* 1775.

230* Homère récitant ses Poésies, d'après Gérard : *Epr. avec la lettre tracée.*

231 Sépulture d'Atala, d'après Girodet : *Epr. avec la lettre tracée.*

232 Portraits de Napoléon et de Louis XVIII, pour les Frontispices de l'Iconographie grecque et romaine ; plus, le Portrait en pied du duc de Feltre, d'après Fabre. 3 Pièces.

233 Portrait de Napoléon, dessiné par Bouillon, à l'imitation d'un Camée antique. 125 Epreuves.

234* Portrait en pied de Louis XVIII, d'après Gérard : Epreuve avec la signature du Peintre.

LAUGICHE, 1775 ?

135 Portrait de Mʳ. Karamsin, gravé par Lorichon ; la Mort du duc de Berry, etc., etc. 6 Pièces.

VILLAIN (G.-H. Lᴇ) 1775 ?

236 Les Religieuses, d'après Champagne ; et les Plaisirs de Famille, d'après Stein : *Epreuves avant toutes lett.,* tirées du Musée français. 2 Pièces.

MELLING, 1775?

237 Vues du Bosphore et de Constantinople , gravées par
divers, d'après Melling: *Epreuves avant la lettre.* 6 P.

MORACE (E.), 1775?

238 La Fortune, d'après Guido Reni ; Pallas et une Muse,
d'après l'antique, tirés du Musée français : *Epreuves
avant toutes lettres.* 3 Pièces.

DESNOYERS (Auguste BOUCHER), *né à Paris en*
1779.

239* La Vierge dite la belle Jardinière, d'après Raphaël :
Epreuve sur papier de Chine, avec toute marge ,
donnée à M. de Senone.

240* La Vierge au Poisson, d'après Rapahël : *Epreuve
avec la lettre tracée,* avec toute marge.

241* Bélisaire aveugle , portant son conducteur blessé, d'a-
près Gérard : *Epreuve avec la lettre tracée.*

242* Ptolémée Philadelphe et Arsinoé : Pierre gravée du
Cab, de l'Ermitage, à Saint-Petersbourg. *Epr. avant
la lettre.*

243 La même Pièce, Epreuves sur papier de Chine, *avant
et avec* la lettre. 2 Pièces.

244 Portrait en pied de Napoléon : *Epr. sans marge.* 1 P.

244* *bis* Portrait en pied du prince Talleyrand de Périgord,
d'après Gérard.

245 Essais lithographiques de sa propre main. 3 Pièces.

LECOMTE (Aubry), 1779?

246* Portrait de M. de Chateaubriand, lithographié d'après
Girodet.

MOUGEOT (Jean-Joseph), *né à Paris en* 1780.

248 *bis.* Hercule enlevant le trépied de Delphes; la Joueuse

d'Osselets : *Epreuves avant toutes lettres,* tirées du Musée français. 2 Pièces.

GIANGICOMO (François), *né à Rome vers* 1780.

247 Les Peintures de la chapelle de Nicolas V, au Vatican, par Jean Ange de Fiesole. Rome 1810. 16 Planches.

GIANUI, 1780?

248 Elemens du Système Astronomique, gravés au pointillé et en couleur, d'après les Dessins de S. Visconti. 6 gr. Pièces.

SCHROEDER (F.) 1780 ?

249 Suite de 10 Vues de Wilhemshohe, près. de Cassel, d'après G. Kobold. 10 Pièces.

·REINDEL

250 Ariane couchée, et deux autres Statues, du **Musée** français : *Epreuves avant toutes lettres.* 2 Pièces.

STRIXNER, *Munich* 1780?

251 Dessins de Mantegna, Michel-Ange Buonarrotti, les Carrache etc., tirés du Cabinet royal de **Munich** et lithographiés par Strixner. 45 Pièces.

STUNTZ (Electrine), 1780?

252 Mes Leçons de Mythologie, etc., par Electrine Stuntz. Munich. 36 Pièces. Il manque 4 *planches* ; en place se trouvent 4 autres Pièces de la même personne, mais qui ne font pas partie de cet ouvrage.

HARVEY, 1780?

253 Assassinat de L.-S. Dentatus, Gravure sur bois, d'après le Tableau de Haydon. 1 Pièce.

MAYER, 1780?

254* Vues d'Egypte, gravée au lavis et coloriée. 12 Pièces.

LIGNON (Etienne-Frédéric), *né Paris en* 1785.

255* La Vierge au Poisson, d'après Raphaël : *Ep. avant la lettre.*

256 Le Ravissement de saint Paul, d'après le Poussin : 3 Epreuves *dans différens états d'avancement* de la Planche.

257 Portrait de Charles X en pied, d'après Gérard : 3 Ep. *dans différens états d'avancement* de la Planche.

258 Figure en pied de Charles X, destinée à l'ouvrage commencé pour son sacre : *Ep. avant la lettre.* 1 P.

259 La Naissance du duc de Bordeaux, d'après Fragonard : 2 Ep. *dans différens états d'avancement* de la Pl. 2 P.

260* Portrait du duc de Richelieu, d'après Lawrence : *Ep. sur papier de Chine.*

261 Portrait du duc de Richelieu, gravé d'après Lawrence : Ep. à *différens états d'avancement* de la Planche ; 1 sur papier de Chine. 6 Pièces.

262 Portrait de Talma, d'après Picot : *Epreuve avant la lettre* et sur pap. de Chine. 1 Pièce.

CHARLET, *né à Paris en* 1789; *et autres.*

263 La Garde meurt et ne se rend pas ; le Français après la Victoire ; et plusieurs autres Lithographies. 8 Pièces.

FORSTER (François), *né au Locle en* 1790.

264* Portrait en pied du duc de Wellington, d'après Gérard : *Epreuve avec la lettre tracée.*

265 Portrait de Mr de Humboldt : *Ep. avant la lettre ;* et Camées de Germanicus et d'Agrippine. 2 Pièces.

FINART (Dieudonné), *et autres* 1797.

266 Études militaires et autres lithographies. 13 Pièces.

ESTAMPES DIVERSES.

267 Judith et le Retour de l'Enfant-Prodigue, d'après
Mazzuoli; plusieurs autres Pièces gravées à l'eau-forte,
par Fantuzzi, Dominique del Barbieri, Léon de De-
vinter, et autres. 25 Pièces.

268 Plusieurs Eaux-Fortes, par Guido Reni, Carle Maratti,
Castiglione, Borgiani, Galestruzzi, Londonio, etc. 65 P.

269 Plusieurs Gravures, d'après différens Maîtres italiens.
      Cet article sera divisé.

270 Un Recueil d'anciennes Gravures sur bois, d'après Albert Durer, Lucas de Cranach, Mantegna, Andreani
Hurse Graff, Burgkmair, Baldung, Hans Scheufelein,
Goltzius, Van Sichem, etc. 1 vol. couvert en parchemin. 303 Pièces.

271 Diverses Pièces, par Abraham de Bruyn et autres.
70 Pièces.

272 Gravures et Lithographies, d'après Rubens, Jordaens,
Teniers, Brauwer, Paul Potter, Ostade, Schal-
ken, etc. 67 Pièces.

273 Figures de l'Ancien et du Nouveau-Testament, publiées par Corneille Danckert, en 1643, avec des
explications en latin, français, allemand, hollandais
et anglais. In-4.° oblong. 248 Planches.

274 Diverses Compositions et différens Portraits, gravés
par Muller, Hondius, Pierre de Jode, Van Dalen, etc.
86 Pièces.

275 Un Recueil des Œuvres de Callot, Le Clerc et Labelle. — 226 Pièces de Callot; 377 de Le Clerc, et 133
de Labelle. 1 vol. relié à dos de veau, et recouvert en
parchemin. En tout 736 Pièces.

276 Un Recueil de Jeux d'Enfans et Scènes familières de

cet âge, par divers Maîtres. 1 vol. in-folio en parch.
317 Pièces.

277 Plusieurs Estampes, par divers Maîtres de l'Ecole
française. 98 Pièces.

278 Recueil d'Eaux-Fortes, par divers Maîtres de l'Ecole
française. — Baltard, 7 P. — Barbault, 1 P. Bertaut,
18 P. — Caylus, 4 P. — Desmaisons, 6 P. — Hor-
temels, 5 P. — Garrau, 6 P. — Grosbon, 1 P. —
Guéroult, 18 P. — Julien, 1 P. — Laferté, 7 P. —
Martinet, 9 P. — Saint-Non, 4 P. — Ozanne, 6 P.
— Mme de Pompadour, 6 P. — Ransonnette, 6 P. —
Rey, 7 P. — Sarrazin, 3 Pièces. — Watelet, 6 P.

279 Diverses Gravures et Lithographies, d'après Le Brun,
Claude-Lorrain, Bourdon, Le Moine, de Troy, etc.
26 Pièces.

280 Plusieurs Épreuves *avant la lettre* et à l'eau-forte,
du Musée français, publiées par Robillard. 127 P.

281* Différentes Estampes, par divers Maîtres.
Cet article sera divisé.

282 Antiquités diverses. 172 Pièces.

283 Antiquités d'Herculanum, collées sur 30 cartons,
contenant 515 Planches.

284 Recueil de Figures tirées de l'Iconographie grecque
et romaine : toutes ces Planches sont rognées, et un
grand nombre coupées par morceaux. 310 Pl.

285 Mosaïques, Bas-Reliefs et autres Objets d'antiquités.
34 Pièces.

286 Pierres gravées, tirées du Muséum de Florence ; et
Peintures antiques d'Herculanum, publ. par David.
138 Pièces.

287 Suite des Figures pour l'Histoire Naturelle de Buffon :
la plus grande partie *Epr. avant la lettre.* 448 P.
en feuilles.

288 Costumes de divers temps et de différens pays : quelques-uns coloriés sont tirés de l'ouvrage de Duflos.
13o Pièces.

289 Suite de Figures coloriées, relatives aux Costumes,
Mœurs et Usages de la Turquie, la Russie et la Tur-
tarie. 202 Pièces.

290 Recueil de Costumes de France du temps de Louis XV,
et plusieurs feuillets d'un ouvrage sur l'Égypte, publié en Angleterre par Mayer : plusieurs sont sous
cadres. 76 Pièces.

291 Recueil de Caricatures de diverses époques. 147 P.

292 Caricatures et autres Objets. 21 Pièces.

293 Recueil de Pièces historiques de différentes époques.
57 Pièces.

294 Divers Sujets historiques. 53 Pièces.

295 Pièces topographiques de Paris et autres endroits.
4o Pièces.

296 Recueil de Pièces topographiques de divers pays,
dont plusieurs coloriées ; et quatre Vues de Lyon, par
Grobon et Fructus. 8o Pièces.

297 Plusieurs Vues, ou autres Pièces topographiques de
différens pays. 44 Pièces.

298 Pièces topographiques anciennes et modernes, de
divers pays : quelques-unes sont coloriées. 90 P.

299 Têtes d'Études, gravées dans la manière du crayon,
d'après Raphaël, David et Gérard. 13 Pièces.

300 Études de Chevaux et autres Quadrupèdes, Oiseaux
et Poissons, par divers Maîtres. 127 Pièces.

301 Paysages, Études, Fleurs, etc., gravés ou lithographiés par divers.
Cet article sera divisé.

PORTRAITS.

302 Rois, Princes et Princesses de France. 53 Pièces.

303 Images de Thèses, avec des Portraits de Louis XIV et autres, publiées par Gantrel. 15 Pièces.

304 Portraits de Louis XVIII, Charles X, de la Duchesse de Berry, de Chauveau Lagarde, etc., lithogr. par Grevedon, Belliard et Sudré. 7 Pièces.

305 Portraits de Charles X, par Garnier; Camille Jordan, par H.-Ch. Muller; Visconti, par Coiny; Pierre-le-Grand, par Mécoul; Le Poussin, par Lignon, Épr. non terminée. En tout 9 Pièces.

306 Souverains étrangers, gravés par Picart, Vaillant et autres. 52 Pièces.

307 Personnages illustres de l'Angleterre, et différens Souverains de l'Europe, gr. par Gunst. 73 Pièces.

308 Papes, Ducs de Savoie, et autres Souverains étrangers, par divers Graveurs. 110 Pièces.

309 Cardinaux, gravés par Clouet, Auden-Aerd, Billy et autres. 247 Pièces.

310 Ministres, Magistrats, Ecclésiastiques, et autres Personnages célèbres de France. 89 Pièces.

311 Portraits de Femmes, Savans, Littérateurs et Artistes. 46 Pièces.

312 Personnages illustres tirés de la Galerie française de Berton, gravés par Vangelisti, Tilliard, Moitte, Halbou et autres. 64 Pièces.

313 Divers Personnages célèbres d'Allemagne, de Hollande et d'autres pays. 76 Pièces.

314 Divers Personnages célèbres de différens pays. 81 P.

OUVRAGES A FIGURES.

Peinture.

315 Le Cabinet du Roi : *anc. Epr. ;* les Batailles d'Alexandre portent le nom de Goyton : les 3 vol. de plantes ,
exemplaire donné par le Roi à **M.** Amelot. 26 vol.
parch. vert.

316 Le Musée français, publié par Robillard-Péronville et
Laurent. Paris, 1803, 4 vol. grand-aigle, pap. vél.,
avant la lettre, cart. , dos de mar.

317 Les Monumens antiques du **Musée Napoléon**, gravés par Thomas Piroli, avec une explication par
J.-G. Schweighaeuser, publiés par **F.** et **P.** Piranesi.
1804 à 1806. 4 vol. in-4.º veau.

318 Manuel du Musée français par Toulongeon. 3 vol.
in-8.º demi-rel.

319 Musée des Monumens français, publié par Le Noir ;
et l'Histoire de la Peinture sur verre. En tout 6 vol.
in-8.º veau.

320 Recueil d'Estampes, d'après les plus beaux Tableaux
des Cabinets du Roi, du duc d'Orléans et autres.
Paris, 1763. 178 Pièces.
    Ouvrage connu sous le nom de *Cabinet Crozat.*

321 Les Peintures de Charles Le Brun et d'Eustache **Le**
Sueur, qui sont dans l'hôtel du Châtelet, ci-devant
la maison du président Lambert, dessinées par Bernard Picard. Paris , 1740. Epr. *avant la lettre.* 40 **P.**
La Pl. des muses Melpomène, Polymnie, Erato est
double : l'une non terminée, l'autre *avec la lettre.*
    Les Batailles d'Alexandre, par Le Brun. *Voy.* n.º 180.
    La Galerie du Luxembourg. *Voy.* n.º 98.

322 Peinture du Pérystile du Vatican, connu sous le nom

des Loges, gravée sur cuivre en 1790, et publiée par
Montagnani. 52 P. in-fol. obl. rel. en veau.

323 Galerie Farnèse, peinte par les Carrache, et gravée
par Aquila. 29 Pl. en un vol. in-fol.

324 Les Peintures de la Galerie Verospie, d'après l'Al-
bane, gravées par Jér. Frezza. 14 Pièces.

325 La Galerie Justinienne du marquis Vincent Justiniani.
2 vol. in-fol. demi-rel. , dos de basane.

326 La Galerie de Florence, gravée d'après les Dessins de
Wicar. Paris, 1789, gr. in-fol. 4 vol. dos de mar.,
avant la lettre.

327 Les Plafonds ou les Tableaux des galeries de l'Église
des Jésuites d'Anvers; peints par Rubens, dessinés
par J. de Wit, et gravés par Jean Punt. Amsterdam,
1751, in-fol. obl. cart. 36 Planches.

328 Principes du Paysage, dessinés d'après nature par
Mandevare. 41 P. en feuilles.

Sculpture.

329 Recueil des Marbres antiques qui se trouvent dans la
Galerie du roi de Pologne à Dresde. Dresde, 1703,
in-fol. basane.

330 Vie et Œuvres des Peintres les plus célèbres de toutes
les Écoles, gravées au trait et publiées par Landon :
24.° exempl. *avant la lettre, sur pap. vél.*

 Raphaël, 8 vol.; Dominiquin, 3 vol.; Corrège, 2 vol;
Michel-Ange, 2 vol; Léonard de Vinci, Guide, Paul Véro-
nèse, 1 vol.; Poussin, 4 vol.; Le Sueur, 2 vol.; Peintures antiques, 3 vol. En tout 25 vol.

331 Monumens de sculpture, anciens et modernes, publiés par Vauthier et Lacour. Paris, 1812, in-fol.
demi-rel. dos de basane. 72 Pl.

Antiquités.

333 Antiquités d'Herculanum, gravées par T. Piroli. Paris, 1804, 6 vol. in-4.° veau.

334 Antiquités de Pompeia, gravées par Piranesi. 2 vol. grand-aigle en feuilles. 72 Pl. Il manque les Pl. 2, 32, 33, 34 et 35.

Les Œuvres de Piranesi. 24 vol. *Voy.* n.° 167.

335 Les Antiquités d'Athènes, mesurées et dessinées par J. Stuart et N. Revett, trad. de l'anglais par L.-P. F. (Feuillet), publié par C.-P. Landon. Paris, 1808, in-fol., dos de basane. 4 tomes.

336 Description d'un Pavé en mosaïque découvert à Italica, aujourd'hui Santiponce, près de Séville, par Alexandre Laborde. Paris, 1802, grand-aigle, pap. vél. fig. coloriées, dos de basane. 29 Pl., compris titre, vignette, cul-de-lampe.

337 Villemain : Costumes des Peuples de l'Antiquité. *Gr. pap.*

Manque, tome I, 1 à 6, 13 à 18, 27, 37; fini à 78.
Tome II, 26, 28 et 30, 55 à 60 ; fini à 102.

338 Recherches sur les Costumes, les Mœurs, les Usages des anciens Peuples; par J. Mailliot. Paris, 1809, 3 vol. in-4.°, dos de basane.

Architecture, etc.

339 Dictionnaire d'Architecture civile et militaire, ancienne et moderne, etc.; par Roland le Virloys. 3 vol. in-4.° rel. en veau, avec 101 P.

340 Grand et nouveau Vignole, par le sieur Panseron, gravé par Vanmaelle. In-fol. 87 Pl.

341 Baltard : Paris et ses Monumens. 2 vol. demi-rel., dos de maroquin.

342 Mémoire sur la réunion du palais impérial des Tui-
leries et du Louvre, par Baltard. Paris, 1809. cart.

343 Architectonographie des Prisons, etc., par Baltard.
Paris, 1829, in-fol. cart. 39 Pl.

344 Description de Paris et de ses Édifices, par Legrand
et Landon. Paris, 1806, 2 vol. in-8.° cart.

345 Plans des Hôpitaux et Hospices civils de la ville de
Paris, levés par ordre du conseil général d'adminis-
tration de ces établissemens. Paris, 1820, 29 Pl. gr.
in-4.° rel. en basane, doré sur tr. *Rare.*

346 Détails de la Cathédrale de Cologne, par M. Bois-
serée. Epr. sur *pap. de Chine,* avec le texte pour la
1.ere livraison. 8 P.

347 Traité sur la Perspective, par Jacques Gauthier: dans
le même volume se trouve un Traité d'Architecture
par Dupuis. Petit in-fol. veau.

Histoire naturelle.

348 Histoire naturelle des Oiseaux, par Buffon. Paris,
1771. Bel exempl. in-fol., gr. pap. avec fig. coloriées
par Martinet. 10 vol. rel. en veau, doré sur tr.

349 Histoire naturelle des Tangaras, des Manaquins et
des Todiers ; par A.-J. Desmarets. Les figures d'après
les Dessins de M.lle Pauline de Courcelles. Paris,
1805. Exempl. sur pap. vél., avec double fig. en noir
et en couleur. 1 vol.

350 Histoire naturelle des Oiseaux de Paradis et des Rol-
liers, suivie de celle des Toukans et des Barbus ; par
F. Le Vaillant, avec fig. dessinées par Barabant, et
gravées par Pérée et Gremillet. Exempl. sur *gr. pap.
vél.,* fig. en noir avant la lettre et en couleur. 3 vol.
in-fol. demi-rel., dos de maroquin.

351 Les Pigeons, par M.me Knip, née Pauline de Cour-

celles, avec le texte par C.-J. Themminck. Paris,
1811, *pap. vél.* fig. coloriées. 1 vol.

352 Les Roses, par P.-J. Redouté, C. Thory. Paris, 1817,
in-fol. gr. pap. vél. 2 vol., demi-rel., dos de mar. :
le 3.ᵉ en feuilles.

Costumes, Portraits, etc.

353 Tableau des Mœurs, des Coutumes et des Habille-
mens dans le royaume de Hollande. 20 P. coloriées,
avec texte. In-4.ᵒ cart.

354 Les Hindous, ou Description de leurs Mœurs, Costumes et Cérémonies ; par F. Balthasard Solvyns
Paris, 1808, gr. in-fol. pap. vél. fig. coloriées, cart.

355 Une Collection de divers Arts et Métiers : Dessins
très-soigneusement faits à la Chine, et collés sur
pap. de Hollande. 1 vol., couverture en soie. 22 P.
Caricatures par Goya. 1 vol. *Voyez* n.º 227.

356 Iconographie grecque et romaine, publiée par Visconti et Mongès. 7 vol. gr. in-fol., demi-rel., à dos
de mar.

357 Les Hommes illustres qui ont vécu dans le XVII.ᵉ siè-
cle; les principaux Personnages qui ont assisté aux
Conférences de Munster et d'Osnabruck : dessinés par
Anselme Vanhuller. Amsterdam, 1717. 131 Portraits.
In-fol. veau.

358 Médailles sur les principaux Événemens du règne de
Louis-le-Grand. Paris, 1702, in-fol., dos de veau,
doré sur tr. 22 Pièces.

359 Sacre de Napoléon. 1 vol. 1804.

360 Relation de la Bataille de Marengo, rédigée par Ber-
thier. Paris, 1806, in-4.ᵒ pap. vél. cart.

561 Description des Cérémonies et des Fêtes qui ont eu

lieu pour le mariage de l'empereur Napoléon, par
Percier et Fontaine. Paris, 1810, in-fol. 13 P. cart.

362 Une Suite de 196 Gravures, grav. au burin par les
premiers artistes anglais, destinée à illustrer l'histoire d'Angleterre de Hume. Londres, 1812, in-fol.
pap. vél. cart.

363 Galerie mythologique, ou Recueil de Monumens pour
servir à l'étude de l'Histoire de l'Art de l'Antiquité
figurée, etc.; par A.-L. Millin. 2 vol. in-8.º cart. à
la Bradel. 180 Planches gravées au trait.

364 Les Métamorphoses d'Ovide, traduction nouvelle,
avec le texte latin suivi d'une analyse, etc.; par
M.-G.-T. Villenave; ornées de gravures d'après les
Dessins de Barbier, Monco et Moreau. Paris, 1806;
exempl. gr. pap. vél., avec *doubles fig. à l'eau-forte*
et *avant la lettre*. Demi-rel., dos de mar.

365 Les Amours de Psyché et Cupidon, par Apulée; traduction nouvelle, ornée des Figures de Raphaël, gravées au trait par C. Normand; publiée par Landon.
Paris, 1809, in-fol. pap. vél. cart.

366 Recueil d'Emblêmes, au nombre de plus de douze
cents, avec leurs explications, et de plus de deux
mille chiffres fleuronnés; par N. Verrien. 1 vol. in-8.º
rel. en basane. 250 Planches.

367 La divine Comédie du Dante, avec l'Enfer, le Pur-
gatoire et le Paradis; composée et gravée par Sophie
Giaccomelli. In-4.º pap. vél. cart. 100 Pièces.

368 Roland furieux, poëme héroïque de l'Arioste, avec
fig. avant la lettre; traduction nouvelle par le comte
de Tressan. 4 vol. gr. pap. non rogné, cart. à la
Bradel.

369 Figures pour les Songes drolatiques de Pantagruel,
de l'invention de Fr. Rabelais; gravées à l'eau-forte

par P.-C.-N. Malapo. In-4.º pap. vél., demi-rel.,
dos de basane. 60 Pièces.

370 Emblêmes tirés d'Horace, avec des figures d'après
Otto-Venius. Bruxelles, 1673, in-4.º veau.

371 Miroir de la Mort de Jésus-Christ, par le P. David
de Lavigne. In-4.º vél. 39 Pièces.

Voyages, etc.

372 Les Monumens de la France, classés chronologique-
ment, et considérés sous le rapport des faits historiques et de l'étude de l'art. Paris, 1814. In-fol. cart.
40 Pl. sans texte.

373 Vue de Provins, dessinée et lithographiée en 1822,
par plusieurs artistes. Grand in-4.º cart.

374 Voyage dans quelques villes du Latium, par Marianne-
Candide Dionigi. In-folio obl. cart. 61 Pl.

375 Voyage pittoresque en Autriche, par le comte Alex. de
La Borde. Paris, 1821. In-fol. pap. vél. fig. coloriées,
dos de mar.

376 Dresde, avec ses Édifices et ses plus beaux Environs,
gravé par divers, d'après les Dessins de Thormayer.
18 Pl. avec texte, in-4.º obl. cart.

377 Voyage pittoresque de la Grèce. Paris, 1782. Le
tom. I, rel. en veau, et la seconde partie cartonnée.

378 Voyage dans le Levant, par M. le comte de Forbin.
Paris, 1819, papier vél. grand-aigle cart. 80 Pl. En
feuilles.
      Cette édition n'a été tirée qu'à 325 exempl.

379 Voyage pittoresque de Constantinople et des rives du
Bosphore, par Melling. 2 vol. de formats différens,
demi-rel. à dos de mar., texte et figures.

380 Voyage pittoresque et historique de l'Istrie et de la

Dalmatie, par L.-F. Cassas et J. Lavalée. Paris, 1802. In-fol. demi-rel., dos de bas.

381 Une Suite de 24 Vues, destinée à illustrer les Saintes-Écritures, Palestine, Égypte, etc.; par Ainslies et Graye, et coloriée par Clarke. Pap. vél., petit in-fol., dos de parch.

382 Voyages à Pékin, Manille et l'Ile-de-France, par de Guignes. 3 vol. in-8.º et un atlas in-folio.

383 Description de l'Égypte: cart., dos de bas. vol. complet.

384 Le Peintre-Graveur, par Adam Bartsch. Vienne, 1803. In-8.º, 21 vol. demi-reliure, avec 16 Planch. in-4.º en feuilles.

385 Manuel des Amateurs de l'art, par Huber et Rost. 9 vol. in-8.º demi-rel.

386 Dictionnaire des Monogrammes, par Christ. In-8.º, veau.

387 Nouvelles des Arts, Peinture, Sculpture, Architecture et Gravure; par Landon. Les trois premiers vol. in-8.º cart. à la Bradel.

388 Catalogue Mariette, par Basan, avec le prix et le nom des acquéreurs. 1 vol in-8.º, veau.

389 Catalogue raisonné du Cabinet d'Estampes de Winckler, par Huber. 4 vol. petit in-8.º cart.

390 Catalogue raisonné de toutes les Estampes qui forment l'OEuvre de Rembrandt, etc.; par les sieurs Gersain, Helle, Glomy et P. Yver; nouvelle édition, par Adam Bartsch. Vienne, 1797. 2 vol. in-8.º, veau.

Plusieurs Catalogues, Dictionnaires et autres Ouvrages sur les arts, se trouvent à la fin, sous les n.ºˢ 612, 613, etc., etc.

Manuscrits.

391 Livre de Prières, très-bien écrit sur vélin, dans le

XVe siècle, avec 8 Miniatures, et un grand nombre
de lettres ornées et rehaussées d'or. Ce livre a appartenu à Marie de La Salle, prieure de l'Hôtel-Dieu de
Senlis, qui y a inscrit plusieurs anecdotes relatives à
sa gestion, depuis 1580 jusqu'à 1617. In-4.º relié en
bois.

392 Manuscrit du XV.ᵉ siècle, sur vélin, intitulé des
Bonnes Mœurs; par frère Jacques Le Graut, reli-
gieux de Saint-Augustin. A la suite se trouvent des notes
sur la naissance de différentes personnes de la maison
de Saint-Simon, depuis 1486 jusqu'en 1609. In 4.ᵉ
rel. en bois.

LIVRES DIVERS.

393 Notice historique sur l'Instruction des Jeunes Aveu-
gles, par M. Guilley. Paris, 1809. In-4.º cart.

394 Observations sur la Fièvre Jaune, faites à Cadix en
1819; par MM. Pariset et Mazet. Paris, 1820, gr. in-8.º
cartonné.

395 De la Richesse Minérale; par M. Héron de Villefosse
3 vol. in-4.º, dos de bas, avec Atlas grand in-folio de
65 P.

396 Les Éloges de la Voie publique, à l'honneur du Cardinal Mazarin; par M. Delassert, avec fig. 1 vol.
in-fol. bas.

397 Collection des Classiques, publiée par M. Didot, avec
les numéros de souscription: Horace, Virgile, Racine
et La Fontaine. 7 vol. Le faux-titre de l'Horace a été
maculé, cart. en pap. mar.

ANTIQUITÉS.

MONUMENS ÉGYPTIENS.

Terre cuite.

398 Tête de schakal, ayant servie de couvercle à un grand vase funéraire. — Autre couvercle à tête d'épervier.

399 Forme conique, dont le dessous est chargée d'une légende hiéroglyphique.

400 Une Coupe, chargée de légendes grossièrement tracées en noir.

401 Un Vase de forme ronde. — Une Tasse à anses. — Six Plats et deux petits Vases.

Terre émaillée.

402 Petit Bas-Relief d'application.—Le *Démiurge* debout et pinçant de la harpe.

403 *Idem.* — Un Bélier à quatre têtes, symbole de *Cnouphis* : cet objet est diapré de trois couleurs.

404 Figurine. — Bélier couché sur une base chargée d'hiéroglyphes.

405 Sept Figurines, d'une exécution soignée, représentant *Cnouphis*, *Phré*, *Thoth*, *Lunus*, *Isis*, *Nephthys* et *Horus*.

406 La *Bari* de *Phré*. — Un Lièvre de Nubie. — Un Chevêt.

407 Figurine. — *Phtha-Patœque*, entouré de *Phré*,
d'*Imóuth* et de *Neith*.

408 Scarabée. — La Vache d'*Athyr*, derrière le dieu
Phtha.

409 La Vache d'*Athyr*, objet d'application.

410 Amulettes en bas-relief. —*Isis*, *Horus* et *Nephthys*,
debout, et se donnant la main. Ce sujet est répété
deux fois.

411 *Horus* debout. — *Hapi* debout. — Aile chargée de
symboles.

412 Amulettes. — Quatre Divinités.

413 Un Épervier et deux Scarabées de réseaux.

414 Huit Objets, Figurines, etc.

415 Une Bague, dont le chaton contient un prénom royal.

416 Une Gazelle accroupie : sous sa base est gravée un
prénom royal.

417 Scarabée avec hiéroglyphes et monture antique en or.

418 Scarabée avec hiéroglyphes et monture antique en or.

419 Quatre Scarabées, avec figures ou légendes.

420 Petit Scarabée, avec hiéroglyphes et monture antique en or.

421 Vingt-quatre Scarabées, avec figures ou légendes.

422 Scarabées sans gravures.

423 Deux Bagues en émail.

424 Quatre petits Vases à collyre.

425 Trois Amulettes.

426 Une Figure funéraire d'un très-bel émail, avec légende hiéroglyphique.

427 Une Figurine émaillée en blanc.

428 Trois Figures funéraires chargées d'hiéroglyphes.

429 Quatre Figures funéraires, avec hiéroglyphes peints.

430 Deux Figures funéraires, dont l'une avec légendes.

431 Trois Figures sans légendes.

432 Huit Figures et un petit Vase.

433 Un petit Vase noir, dont le bouton est formé par un scarabée qui déploie ses ailes.

Bois.

434 Pectoral en forme de *naos :* sa face principale, recouverte d'une feuille d'argent, est incrustée d'émaux, figurant la *bari* mystique : celle-ci porte un scarabée placé entre les figures d'*Isis* et de *Nephthys;* au-dessus du scarabée se voit un groupe de cinq hiéroglyphes. La décoration du revers, exécutée sur un léger cartonnage, représente deux nilomètres aux côtés de l'un des attributs d'*Imouth.*

435 Statuette, représentant un homme debout, portant une coiffure à flocons, et vêtu du *schenti :* cette figure est coloriée, et son socle orné d'une légende hiéroglyphique.

436 Deux Figures funéraires : l'une d'elles est décorée de quatorze lignes d'hiéroglyphes gravés en creux.

437 Figure funéraire, portant six lignes d'hiéroglyphes gravés et remplis de couleur bleue.

438 Figure funéraire, portant cinq lignes d'hiéroglyphes.

439 Figure funéraire, portant une légende. — Autre Figure peinte en noir.

440 Partie supérieure d'une Canne ou Bâton, ornée d'une légende hiéroglyphique : cet objet appartenait à un prêtre de *Phtha.*

441 Cuiller, dont le manche est formé par une femme étendue.

442 Boîte formée par un *ibis* debout : les ailes de cet oiseau, tournant sur un pivot, lui servent de couvercle.

443 Espèce de Manche, terminé du haut par une main humaine.

444 Triple Étui à collyre, avec couvercle tournant, en ivoire.

445 Deux petits Bâtons, portant des légendes hiéroglyphiques.

446 Un Chevet.

Pierres diverses.

447 Serpentine. — Scarabée portant le nom d'*Ammon-ra*.

448 Spath vert. — Une Tête de bélier, avec cornes et oreilles en argent.

449 Lapis-lazuli. — Six Amulettes : *Thoth, Isis*, etc.

450 Roche verdâtre. — Tête de cynocéphale.

451 Serpentine. — Le dieu *Phré*, amulette suspendue à un collier d'émail.

452 Roche verdâtre. — Statuette : *Osiris* assis : la tête de cette figure est détruite.

453 Lapis-lazuli. — Amulettes : *Isis*, *Selk*, un épervier.

454 Calcaire. — Fragment supérieur d'une statue d'*Isis* ou de *Nephthys*, portant la main droite vers sa tête. Ce débris est colorié.

455 Serpentine. — La déesse *Bubastis*, à tête de chatte.

456 Cornaline. — L'Hercule égyptien, amulette servant de plaque à un collier composé de grains d'or et de pendeloques en cornaline.

457 Albâtre. — Statuette représentant un Égyptien, vêtu du *sabou*, portant sur ses épaules un quadrupède dont une partie du corps est creusé en forme de coupe: cette figure repose sur une espèce de sellette en même matière.

458 Calcaire. — Statuette : un homme, ies reins ceints

d'un pagne, et ne conservant que trois touffes de cheveux, debout, et portant un vase sur l'épaule gauche :
ce personnage, qui paraît étranger à l'Égypte, représente peut-être un esclave *mace*, peuple lybien qui
avait la coutume de se raser ainsi une partie de la
tête (1).

459 Albâtre. — Vase funéraire, surmontée d'une tête humaine. Ce vase est orné de quatre colonnes d'hiéroglyphes.

460 Albâtre. — Autre Vase du même genre et de même
forme, portant quatre colonnes d'hiéroglyphes.

461 Albâtre. — Autre Vase semblable, orné de quatre
colonnes d'hiéroglyphes.

462 Albâtre. — Trois Vases semblables, mais sans hiéroglyphes.

463 Albâtre. — Vase de forme ronde, dont le bord est
orné de *feuilles-d'eau* : sur sa panse est gravée une
légende hyéroglyphique ; son couvercle actuel paraît
avoir appartenu à un vase funéraire du genre de ceux
improprement nommés *canopes*.

464 Albâtre. — Un Vase de forme ronde.

465 Albâtre. — Cinq Vases en forme de poire : l'un d'eux
est garni d'un couvercle.

466 Albâtre. — Trois Vases à parfums, forme dite d'*ala-
bastrite*.

467 Albâtre. — Deux petits Vases.

468 Albâtre. — Un petit Vase de forme ronde.

469 Albâtre. — Un Vase à collyre, et un autre de forme
applatie.

470 Albâtre. — Cuiller dont le manche est formé par la
tête et le col d'une oie.

---

(1) Hérodote. IV, § CLXXV.

471 Serpentine. — Une espéce de Cuiller, représentant le lièvre de Nubie, les pattes réunies et liées ensemble.

472 Cornaline. — Scarabée : un roi donnant la main à deux divinités : au-dessus est gravée une légende hiéroglyphique.

473 Agate blanche. — Scarabée portant un prénom royal.

474 Jaspe vert. — Un Scarabée de beau travail, et qui a été doré.

475 Spath vert. — Un petit Scarabée, avec sa monture antique en or.

476 Serpentine. — Scarabée, dont la tête est remplacée par celle d'une femme : sous sa base sont gravées sept lignes d'hiéroglyphes.

477 Roche verte. — Scarabée portant douze lignes d'hiéroglyphes.

478 Roche verte. — Scarabée portant cinq lignes d'hiéroglyphes.

479 Serpentine. — Scarabée portant quatorze lignes d'hiéroglyphes.

480 Roche verte. — Scarabée contenant les traces d'une légende hiéroglyphique.

481 Lapis-lazuli. — Deux Scarabées militaires.

482 Cornaline, hématite et roche. — Cinq autres Scarabées militaires.

483 Basalte vert. — Palette de forme rectangulaire, portant deux godets creusés vers sa partie supérieure, et trois colonnes d'hiéroglyphes d'une très-belle exécution.

Vers le bas de cette palette, est sculptée de relief dans le creux, la figure d'un scribe attaché au culte de *Phtha :* près de ce personnage sont inscrites trois autres lignes d'hiéroglyphes, aussi parfaitement gravés que ceux précédemment décrits.

Ce monument, si précieux sous le rapport de son étonnante conservation, de la pureté de son travail et de la beauté de sa matière, offre encore un intérêt particulier par sa proportion, qui est exactement semblable à celle de la coudée égyptienne conservée au Musée royal du Louvre (19 pouces et fraction).

484 Lapis. — Neuf Figurines, etc.

485 Lapis. — Un Œil et un Nilomètre.

486 Cornaline. — Une Vache couchée.

487 Jaspe noir. — Deux doigts accolés.

488 Albâtre. — Forme ovale, surmontée d'une tête.

489 Calcaire. — Figure funéraire, dont le vêtement est chargé d'un groupe de quatre hiéroglyphes.

490 Serpentine. — *Idem,* portant six lignes d'hiéroglyphes.

491 Serpentine. — *Idem,* portant cinq lignes d'hiéroglyphes.

492 Calcaire. — *Idem,* dont le visage est détruit.

493 Serpentine. — Statuette représentant un Homme debout, et pressant contre sa poitrine l'image symbolique de l'âme.

494 Matière brûlée. — Partie supérieure d'une Figure funéraire, conservant encore six lignes d'hiéroglyphes.

495 Matière brûlée. — Partie supérieure d'une Figure funéraire, présentant trois lignes d'hiéroglyphes.

496 Albâtre. — Figure ornée d'hiéroglyphes peints.

497 Calcaire. — Bas-Relief représentant une Femme debout, les bras pendans et la tête surmontée d'un cône funéraire.

498 Cornaline. — Un Collier.

499 Cornaline. — Un Collier, auquel sont ajoutés des émaux.

500 Un Collier, auquel est suspendu le vase *héri*.

5o1 Jaspe vert. — Une Forme de Cartouche, flanqué de deux *uræus* et de deux plumes : sur le haut du champ est gravé un disque au-dessus d'un croissant.

5o2 Hématite. — Amulette en forme d'olive, avec hiéroglyphes.

5o3 Cornaline. — Bague, dont le chaton représente un œil.

5o4 Roche noire. — Une Tête humaine, coiffée en flocons, et qui a fait partie d'une petite statue.

5o5 Hématite. — Un Chevet, un Niveau et un Œil.

5o6 Calcaire. — Monument funéraire, offrant la forme d'une pyramide dont le sommet est tronqué : sur deux de ses faces opposées, sont sculptés des portiques chargés de légendes hiéroglyphiques, et qui contiennent chacun une figure accroupie, vue de face, et levant les bras en signe d'adoration : les deux autres faces de cette pyramide sont chargées, l'une et l'autre, d'une colonne d'hiéroglyphes.

Métaux.

5o7 Bronze. — Figurine : *Osiris* debout et mitré.

5o8 Bronze. — *Idem* : *Osiris* debout.

5o9 Bronze. — *Idem* : *Osiris* debout.

51o Bronze. — *Idem* : *Osiris* (répété quatre fois).

511 Bronze. — *Idem* : *Osiris* et *Anubis*.

512 Bronze. — *Idem* : *Isis* assise, allaitant *Horus*.

513 Argent. — Bague à chaton carré : *Isis* assise et tenant un sceptre.

514 Bronze. — Figurine : *Isis* allaitant *Horus*.

515 Bronze. — *Idem* : *Horus*, le doigt sur sa bouche.

516 Bronze. — *Idem* : *Horus* et *Harpocrate*.

517 **Bronze.** — Fragment d'une Figurine représentant le dieu *Hobs*, léontocéphale.

518 **Bronze.** — Figurine : le dieu *Imouth*.

519 **Bronze.** — *Idem : Apis* debout.

520 **Bronze.** — *Idem*, un Ichneumon.

521 **Bronze.** — Une Tête d'Ibis.

522 **Or.** — Aspic découpé sur une lame assez épaisse et d'un métal très-pur : cet objet, qui est garni de sept bélières, offre des portions repoussées, et d'autres qui sont gravées. (Longueur, 6 pouces 10 lignes.)

523 **Or.** — Un Lézard et trois Ornemens qui ont fait partie d'un collier.

524 **Or.** — Un doigtier de momie.

525 **Argent.** — Une double Tête de panthère et trois Yeux humains.

526 **Bronze.** — Un Miroir sans manche.

527 **Bronze.** — Amulettes, etc.

528 **Bronze.** — Une Lame de couteau.

Matières diverses.

529 **Cartonnage peint et doré.** — *Nethphé Ptérophore*.

530 **Un Animal embaumé**, contenu dans des bandelettes de toile.

531 **Un petit Papyrus**, plié et fermé par un cordon.

532 **Verre violet.** — Une Bague, dont le chaton représente un œil.

533 **Cartouche émaillé**, contenant un prénom royal.

534 **Toile.** — Fragment d'un Manuscrit chargé de sujets mystiques, dessinés en noir : au-dessus, sont tracées des légendes hiératiques.

535 **Toile.** — Autre Fragment de Manuscrit, contenant

une figure jouant du sistre, et des légendes hiératiques.

536 Un Morceau de couleur rouge.

537 Matières variées. — Onze Scarabées portant des gravures. — Vingt Scarabées sans gravure. — Six Scarabées militaires. — Trente-huit Amulettes, Figurines,
Nilomètres, etc. — Une Main, un Serpent tronqué,
un Visage vu de profil. — Une Boucle d'oreille et
cinq Amulettes. — Serpent à bras humains, un Chevet et le Vase *héri*. — Cinq Grenouilles. — Seize
Amulettes. — Un Anneau et quatre Amulettes. — Un
Veau lié, et une Femme accroupie. — Six Objets en
verre et bronze. — Dix-neuf Amulettes. = Vingt-cinq
Amulettes et autres Objets.

MONUMENS GRECS ET ROMAINS.

538 Terre-cuite. — Deux Lampes : sur l'une est figuré
Hercule *bibax* assis ; l'autre représente Scylla, vue
de face, et tenant une rame.

539 *Idem.* — Deux Lampes : sur l'une, un Masque
barbu ; sur l'autre, une Tête de Taureau, entre un
Scorpion et un Trident, entouré d'un Serpent.

540 *Idem.* — Deux Lampes : l'une ornée d'un Bélier,
l'autre d'un Buste vu de face.

541 *Idem.* — Six autres Lampes.

542 *Idem.* — Un petit Sanglier. — Une petite Tête. —
Deux Figurines assises. — Trois petits Vases. — Cinq
Vases, dont la décoration a quelque rapport avec celle
des vases de fabrique mexicaine. — Cinq autres Vases.

543 Albâtre calcaire. — Statuette, représentant Vénus
debout, retenant une draperie sur la portion infé-

rieure de son corps : les bras de cette figure sont mutilés.

544 Lapis-lazuli. — Une très-petite Figure, représentant une Déesse, vêtue de long, et la tête surmontée du *polus*.

545 Cornaline. — Scarabée : un vieux Silène à-demi agenouillé : monture antique en or.

546 Agate. — Une Panthère qui s'élance : morceau qui a dû former l'anse d'un vase précieux.

547 Verre. — Deux Vases du genre de ceux nommés *lacrymatoires*. — Un Vase. — Serpentine : un dez à jouer.

548 Argent. —Quarante-trois Médailles grecques d'Athènes, d'Ægine, d'Argos, de Thèbes, Corinthe, Sicyone, Chalcis, Dyrrachium, Thasos, de la Phocide, de Macédoine, d'Acanthus, Rhodes, etc.

549 Argent. —Vingt-trois Médailles d'Achaie, avec différences de détails monétaires.

550 *Idem.* — Médailles des familles *Æmilia*, *Cardia*, *Claudia*, *Cornelia*, *Crepisia*, *Vibia*, etc.

551 *Idem.* — Médailles de Salonine, Valérien. — Trebonianus-Gallus. — Trajan-Dèce, Étrucille, Philippe, Gordien, etc. (Quelques-unes de ces médailles sont fourrées.)

552 Bronze. — Trois cent seize Médailles grecques et romaines, la plupart frappées à Athènes, Messène, Cimée, Maronée, Istria, Pergame et Macédoine.

553 Potin et Bronze. — Sept Médailles grecques et romaines frappées en Égypte.

554 Bronze. — Treize Médailles romaines.

555 *Idem.* — Une petite Statue, représentant Vénus nue et diadêmée, portant le bras droit vers sa tête, et le

gauche fléchi et rapproché du corps : une partie de la main droite et l'avant-bras gauche sont détruits.

556 *Idem.* — Un petit Candélâbre, en forme de branche d'arbre.

557 *Idem.* — Un autre petit Candélâbre.

558 *Idem.* — Fragment d'une Balance, consistant dans l'un de ses fléaux et l'un de ses bassins, suspendu par une chaîne en *gourmette.*

559 *Idem.* — Deux Masques.

560 *Idem.* — Un Strigille.

561 *Idem.* — Deux Coins. — Deux Sonnettes. — Deux petites Têtes (l'une en terre cuite).

OBJETS

FABRIQUÉS PAR DES PEUPLES SAUVAGES.

562 Une Hache armée d'un silex blanc : cet objet a été recueilli sur une île nouvellement découverte dans les environs des *Fidgées* et de l'archipel du Saint-Esprit.

563 Deux Instrumens propres à lancer des flèches : même lieu que le précédent.

564 Un Casque en jonc, recouvert de chevelures humaines. (Iles Marquises.)

565 Une Coquille, à laquelle sont attachées des tresses de cheveux. (Iles Marquises de Mendoce.)

566 Ligne à l'usage des Indiens des îles Marquises : cette ligne est garnie de trois hameçons suspendus à des tresses de cheveux.

567 Un Tapis tressé en jonc. (Iles Marquises.)

568 Trois espèces de Vases et un Modèle de Chapeau, tressés en racines d'arbre par les naturels de l'île Noukahiva (l'une des Marquises).

569 Lance sculptée, provenant d'un chef de l'île Tiburon
(golfe de Californie).

570 Flûte des Apatas (Basse-Californie).

571 *Carita*, ou Corbeille à couvercle, propre à contenir
l'eau. (Haute-Californie.)

572 Une Ceinture de Femme, formée du *liber* d'un petit
arbrisseau appartenant à la famille des *malvassées.*
(Iles Sandwich.)

573 Un Éventail en jonc tressé. (Iles Sandwich.)

574 Un Arc et deux Flèches provenant des Tropacas.
(Mer Vermeille.)

575 Casque formé de la dépouille du poisson nommé *orbs
hérisson.* (Iles de la Société.)

576 *Cayouque*, ou Pirogue à trois rameurs : modèle exé-
cuté en peau de lion marin par les naturels de l'île
Kadiak (Océan oriental).

577 Autre *Cayouque*, monté par un seul rameur. (Ile
Kadiak.)

578 Deux Chemises imperméables, formées avec des in-
testins de phoque : l'une d'elles, mieux décorée que
l'autre, appartenait à un chef de l'île Kadiak.

579 Un Arc et sept Flèches. (Ile Kadiak.)

580 Lance destinée à la chasse des loutres et des phoques.
(Ile Kadiak.)

581 Deux Hauts d'Échasses, de travail péruvien.

582 Un très-bel Arc et quatre Flèches.

583 Une Lance de combat, garnie de quatre pointes.

584 Une Robe de Chef, en membrane de phoque, doublée
de plumes, avec collet en fourrure.

585 Une grande Pièce d'Étoffe en paille ou jonc tressé.

586 Pièce d'Étoffe imprimée, formée du liber d'une espèce de mûrier, fond jaune, avec ornemens rouges et
noirs.

587 Pièce d'Étoffe blanche, en *liber.*

588 Espèce de Poignard, armé d'une dent de requin.

589 Un Vase à boire, en jonc tressé.

590 Deux Instrumens, dont l'usage nous est inconnu.

591 Un Cordon d'Annelets bruns et blancs, servant de monnoie.

592 Une Lance.

MÉLANGES.

593 Marbre blanc. — Bas-Relief en médaillon ; Tête laurée de Vitellius, tournée à droite.

594 Une Fourchette à mousquet, en cuivre, avec un montant incrusté en burgau : travail oriental.

595 Terre cuite. — Figurines de travail chinois, représentant deux Mendians.

596 Une Mandragore chinoise, représentant un arbre sans feuilles entre deux personnages debout.

597 Une Pipe à *Narguilé*, montée en argent.

598 Modèle d'une Corvette portant vingt-six canons.

599 Cinq Boîtes d'Empreintes en soufre, représentant des Portraits.

600 Cinq cents Empreintes de Médailles romaines, en soufre : cette Collection est contenue dans un meuble plaqué d'ébène, et garni de seize tiroirs.

601 Deux Meubles, garnis de tiroirs, et plaqués en noir, contenant la Suite des Empreintes de Pierres gravées, recueillies par Christian Denh (1).

602 Une espèce de Pectoral en ivoire.

603 Argent. — Quatre Monnaies de Charles-le-Chauve,

---

(1) Le Catalogue de ces Empreintes a été publié à Rome en 1772, par l'abbé Dolce.

Léon de Lusignan, roi de Jérusalem, et d'un Archevêque de Vienne.

604 Argent et bronze. — Neuf Médailles : Joseph Vernet.
— Pergolèse. — La Tour d'Auvergne. — Général
Dampierre. — Paix de Lunéville. — M. le Maréchal,
duc de Reggio. — Érection de la Statue de Henri IV.
— Couronnement de Charles X (de deux modules
différens).

605 Bronze. — Suite des Médailles frappées sous le gou-
vernement de Napoléon Bonaparte.

606 Clichés et Repoussés : M.ᵐᵉ Deshoulhières. — Le
Temple. — Louis XVIII à Vérone. — Georges III.
— L'abbé de Lille.

607 Une Dent de Mastodonte.

608 Plâtre. — Le Masque de Charles XII, moulé sur
nature.

609 Dessin au crayon noir, d'après cette empreinte.

910 Articles mélangés de diverses époques et de matières
différentes.

MINÉRALOGIE.

611 Une Collection choisie, de jolis Échantillons, classés
et rangés dans un meuble à tiroirs ; on remarque
principalement

    4 fragmens de fer oligiste.

    2 *idem* de chaux fluatée violette.

    2 échantillons cristallisés de cuivre carbonaté, dont 1 de Chessy.

    1 morceau de fer hématite de Vic dessus.

    1 morceau de quarz limpide cellulaire.

    1 morceau de quarz cristallisé enfumé.

    1 fragment de Tamarin pétrifié de Pondichéry.

    1 ammonite impressionnée.

2 fragmens de cristal de roche, dont 1 provenant du Dauphiné, l'autre de Madagascar.

1 hérisson de petits cristaux des Alpes.

1 morceau de quarz enfumé, avec cuivre pyriteux.

1 fragment de baryte sulfatée cristallisée.

2 morceaux de quarz agathe.

1 morceau de sel gemme mameloné.

1 échantillon d'asbeste de la montagne de Jers.

1 beau fragment de quarz calcédoine rubanné.

1 fragment de quarz résinite.

2 morceaux d'isidote.

1 fragment de *chaux carbonatée équœve*, avec pyrites, plomb sulfaté, etc.

1 autre morceau *idem* jaune.

Géode de quarz.

Groupe de cristaux d'alun.

Granite orbiculaire, etc.

LIVRES DIVERS.

612 Réflexions critiques sur la Poésie et sur la **Peinture**, par l'abbé Du Bos. Paris, 1755, in-12, 3 vol., veau.

613 Analyse de la Beauté, par Hogarth, (trad. par Janssen). Paris, 1805, in-8.°, 2 vol. cart.

614 Dictionnaire des Arts de Peinture, Sculpture et Gravure, par Watelet. Paris, 1792, in-8.°, 5 vol., dos de mout.

615 Dictionnaire des Peintres espagnols, par F. Quillet. Paris, 1816, dos de veau.

616 Recueil de Lettres sur la Peinture, la Sculpture et l'Architecture, écrites par les plus grands Maîtres, depuis le XV.ᵉ jusqu'au XVIII.ᵉ siècle; trad. par L.-J. Jay. Paris, 1817, in-8.°, dos de mout.

917 Œuvres complètes de Josué Reynolds, trad. de l'anglais. Paris, 1806, 2 vol. in-8.°, cart.

618 Discours historique sur la Peinture moderne, par
M. T.-B. Éméric-David. Paris, 1812, in-8.°, dos de
mout.

619 Examen raisonné des Ouvrages de Peinture, Sculpture et Gravure exposés au Salon du Louvre en 1814,
M. S. Delpech. Paris, 1814, in-8.°, dos de mar.

620 Recherche sur l'Art statuaire, considéré chez les
Anciens et chez les Modernes, par MM. Éméric-
David et Giraud. Paris, 1805, in-8.°, dos de bas.

621 Essai snr l'Origine de la Gravure en bois et en taille-
douce (par Janssen). Paris, 1808, in-8.°, 2 vol. bas.

622 Notice sur les Graveurs (par Malpé). Besançon,
1817, in-8.°, 2 vol., dos de mout.

623 Catalogue raisonné de toutes les Estampes qui forment
l'Œuvre de Lucas de Leyde, par Adam Bartsch.
Vienne, 1798. — Catalogue de l'Œuvre d'Albert
Durer, par un Amateur. Dessau, 1805. — Catalogue
raisonné des Estampes gravées à l'eau-forte par Guido
Reni, et de celles de ses disciples Cantarini, etc.; par
Adam Bartsch. Vienne, 1795, in-12, dos de basane.

624 Catalogue raisonné d'Objets d'Arts du Cabinet de feu
M. de Silvestre, par Regnault-Delalande. Paris, 1810,
in-8.°, dos de bas.

625 Recueil de Lettres de M. Winckelmann, sur les Dé-
couvertes faites à Herculanum, à Pompeia, etc.;
(trad. par Janssen). Paris, 1784, in-8.°, basane.

626 Plusieurs autres Ouvrages relatifs aux Beaux-Arts,
etc.

627 Les Articles omis au présent Catalogue seront appelés
et vendus sous ce numéro.

Paris, Imprimerie d'Ad. Moessard, rue de Furstemberg, N.° 8.